本书由河南省产业与金融发展研究中心资助
本书是河南省软科学项目"河南省创新政策执行效果评价及优化路径研究（172400410230）"的部分研究成果

创新型产业集群嵌入性对组织间合作创新的影响研究

CHUANGXINXING CHANYE JIQUN QIANRUXING
DUI ZUZHIJIAN HEZUO CHUANGXIN DE YINGXIANG YANJIU

任爱莲 / 著

中国财经出版传媒集团
中国财政经济出版社

图书在版编目（CIP）数据

创新型产业集群嵌入性对组织间合作创新的影响研究／任爱莲著.
—北京：中国财政经济出版社，2017.8
ISBN 978－7－5095－7700－4

Ⅰ.①创… Ⅱ.①任… Ⅲ.①产业集群－组织创新－研究 Ⅳ.①F263

中国版本图书馆 CIP 数据核字（2017）第 213951 号

责任编辑：彭 波 段 钢　　　责任印制：杨 军
美　编：孙俪铭　　　　　　　责任校对：黄亚青

中国财政经济出版社 出版

URL：http://www.cfeph.cn
E－mail：cfeph@cfeph.cn
（版权所有　翻印必究）
社址：北京市海淀区阜成路甲28号　邮政编码：100142
营销中心电话：88190406　北京财经书店电话：64033436　84041336
北京财经印刷厂印刷　各地新华书店经销
710×1000 毫米　16 开　13 印张　200 000 字
2017 年 11 月第 1 版　2017 年 11 月北京第 1 次印刷
定价：58.00 元
ISBN 978－7－5095－7700－4
（图书出现印装问题，本社负责调换）
本社质量投诉电话：010－88190744
打击盗版举报热线：010－88190492、QQ：634579818

前　　言

创新型产业集群是以创新型企业和人才为主体，以知识或技术密集型产业和品牌产品为主要内容，以创新组织网络和商业模式等为依托，以有利于创新的制度和文化为环境，以创新为主要驱动力的产业集群。与模仿型产业集群相比，其创新程度较高；与劳动密集型产业集群相比，它属于知识或技术密集型产业集群；与传统产业集群相比，它属于现代产业集群。建设创新型产业集群，能够辐射和引领其他产业集群科学发展，有利于破解产业发展中的关键技术问题，实现经济增长方式由要素驱动型向创新驱动型转变，推动产业转入科学发展的轨道，提高产业集群自主创新能力和核心竞争力，为区域自主创新发挥支撑、带动和示范作用，对适应新常态、引领新常态具有重要意义。因此创新型产业集群已经成为区域经济发展的重要组成部分，在培育区域竞争优势、提升区域发展能力方面起着举足轻重的作用。近年来，我国创新型产业集群快速发展，取得了良好的发展成果，但仍存在着发展不平衡、创新能力弱、集聚程度不高等问题，为此如何提升创新型产业集群的创新能力成为当前普遍关注的重要问题。合作创新是由多个组织共同参与的创新活动，能够

创新型产业集群嵌入性对组织间合作创新的影响研究

分担创新风险、整合创新资源和创新能力,是一种有效的创新方式。创新型产业集群内各组织存在空间、文化、知识、产业等多种邻近性,有助于进行合作创新,因此合作创新成为提升创新型产业集群创新绩效的主要模式。但在我国创新型产业集群中,合作创新还存在着缺乏战略合作、合作方式不合理、合作绩效需要提升等问题。本书在产业集群发展理论、社会网络嵌入性理论、合作创新理论和组织学习理论的基础上,结合对我国主要创新型产业集群调研的数据,分析了我国创新型产业集群合作创新的现状、特征及存在问题,采用演绎方法深入研究了产业集群嵌入性形成的机理、合作创新机理及主要集群嵌入性、组织学习能力对组织间合作创新的影响机理,然后采用实证研究对嵌入性、组织学习和合作创新之间的理论关系进行检验,采用案例研究方法分析了实践中嵌入性和组织学习对合作创新的影响。具体包括以下研究内容。

绪论。该部分概括介绍了创新型产业集群组织间合作创新的研究背景及研究意义,梳理了与本书研究问题密切相关的创新型产业集群、产业集群嵌入性、合作创新和组织学习的现有研究成果。概括介绍了本书主要研究内容、研究方法和研究结论,并指出本书可能存在的创新点。

理论基础。该部分首先对产业集群的概念、特征及对经济发展的作用进行了界定,然后对创新型产业集群的内涵、基本特征和功能进行了界定;对产业集群嵌入性的概念和种类进行了界定,分析了嵌入性形成的机理及其对产业集群发展的影响;对合作创新的概念、特征、优势进行了分析,并阐述了常见的合作创新模式;归纳了组织学习的含义、方式

前言

和环节,并重点阐述了组织学习在企业发展中的重要性。

我国创新型产业集群发展现状。首先分析了我国创新型产业集群的认定标准和发展历程,根据对我国创新型产业集群的调研数据,分析了我国创新型产业集群内企业状况、政策、配套服务及形成方式,同时分析了集群内企业发展现状和组织合作创新状况,总结了我国创新型产业集群发展的特征、态势和存在的主要问题。

我国创新型产业集群组织合作创新的理论分析。首先分析创新型产业集群内组织合作创新的特征、动力、基础和社会网络结构,然后分析了影响集群内组织合作创新的关键影响因素,最后分析了创新型产业集群的环境嵌入性、网络嵌入性和双向嵌入性对组织合作创新的影响机理。

创新型产业集群嵌入性和组织学习影响组织合作创新的实证检验。本部分根据上述理论研究提出嵌入性、组织学习和合作创新绩效的假设关系,首先利用样本数据实证检验了各种嵌入性及组织学习能力对合作创新绩效的影响,然后检验了组织学习能力在嵌入性和合作创新绩效之间的中介作用。

案例研究。本部分分析了国内外成功的创新型产业集群的经验,总结了这些产业集群的环境、政策和发展模式,详细探究了案例集群内组织合作创新的状况及影响因素,归纳了成功合作创新的经验。

提升创新型产业集群组织合作创新的措施。本书在该部分从企业层面、集群层面和宏观层面提出优化措施。

作者

2017 年 6 月

目　录

第一章　绪　　论 ··· 1

第一节　研究背景 ··· 2
第二节　研究意义 ··· 5
第三节　国内外研究综述 ··································· 6
第四节　研究内容 ·· 18
第五节　研究方法 ·· 20
第六节　研究结论 ·· 21
第七节　创新点 ·· 23

第二章　创新型产业集群合作创新的理论基础 ············· 25

第一节　创新型产业集群 ·································· 26
第二节　产业集群嵌入性 ·································· 35
第三节　合作创新 ·· 47
第四节　组织学习 ·· 54

第三章　我国创新型产业集群发展现状 ··················· 61

第一节　我国创新型产业集群的认定 ························ 62
第二节　我国创新型产业集群的发展历程 ···················· 64

第三节 我国创新型产业集群基本状况 …………………… 66
第四节 我国创新型产业集群企业合作创新现状 …………… 95

第四章 创新型产业集群嵌入性影响组织合作创新的理论分析 …………………………………………… 113

第一节 创新型产业集群内组织合作创新的特征………… 114
第二节 创新型产业集群组织合作创新的动力…………… 116
第三节 创新型产业集群组织合作创新的基础…………… 119
第四节 创新型产业集群的社会网络结构………………… 121
第五节 创新型产业集群合作创新的关键影响因素……… 124
第六节 创新型集群嵌入性对企业学习的影响…………… 128
第七节 嵌入性、企业学习与合作创新的关系…………… 131

第五章 创新集群嵌入性影响组织合作创新的实证检验 … 133

第一节 提出假设………………………………………… 134
第二节 变量设计及测度………………………………… 135
第三节 样本分析………………………………………… 140
第四节 实证检验………………………………………… 142
第五节 实证检验结果分析……………………………… 147

第六章 创新型产业集群合作创新案例分析 ……………… 151

第一节 硅谷合作创新案例分析………………………… 152
第二节 中关村合作创新案例分析……………………… 155
第三节 经验启示………………………………………… 174

第七章 提升产业集聚区企业合作创新的措施 …………… 177

第一节 从企业视角提升合作创新绩效的措施………… 178
第二节 从产业集聚区视角提升合作创新绩效的措施……… 182

第三节 政府加强宏观管理营造产业集群组织
　　　合作创新氛围 …………………………………… 186

第八章　总结与展望 …………………………………… 189

第一节　研究结论 ………………………………………… 190
第二节　研究不足 ………………………………………… 192
第三节　研究展望 ………………………………………… 192

参考文献 ……………………………………………………… 194

创新型产业集群嵌入性
对组织间合作创新的
影响研究
Chapter 1

第一章 绪 论

第一节　研究背景

在信息技术时代，经济活动全球化、网络化和多元化给企业带来新机遇的同时，也引发更为激烈的竞争。为培育核心竞争优势，现代企业主体开始突破自身界限，积极探索外部资源的有效整合。合作共赢成为一种主流商业模式，产业链上的制造商和供应商、服务商等进行合作，竞争对手之间的合作也逐渐展开，产学研之间构建合作联盟共同研发进行得如火如荼。正如哈默所言"在风云变幻的全球市场上，没有公司能够包打天下，无论是叱咤风云的业界巨人，还是雄心勃勃的后起之秀，概莫能外"。通过组织间合作创造价值已经成为赢得竞争的制胜法宝。在技术领域，合作创新同样成为企业尤其是中小企业提升创新能力、培育创新优势的有效途径。合作创新是指由两个以上的创新主体共同参与到一个创新项目中，共同投入创新资源和分配创新成果，然后再进行各自的差异化创新所形成的一种技术合作契约关系。合作创新的核心任务是技术创新、特点是多创新主体的合作、目的是资源互补、分担风险、获取知识等。随着企业之间的竞争日益加剧，通过创新培育企业核心竞争力是必然选择。但在知识经济时代，技术创新的日益复杂，创新投入和创新风险巨大，单凭一家企业进行独自创新往往会遇到很多瓶颈；同时，经济共享理念的形成及互联网、大数据的运用，企业与外部组织的关系日益紧密，合作创新在这种环境中应运而生。通过合作创新，企业不仅可以共享创新资源以弥补企业自身资源不足、克服创新能力瓶颈，同时还可以获取外部知识尤其是隐性知识从而提升企业创新能力，因此合作创新成为符合时代要求的一种创新模式。

创新型产业集群（以下简称"集群"）是指产业链相关联企业、研发和服务机构在特定区域集聚，通过分工合作和协同创新，形成具

第一章 绪 论

有跨行业跨区域带动作用和国际竞争力的产业组织形态。该集群是以创新型企业和人才为主体,以知识或技术密集型产业和品牌产品为主要内容,以创新组织网络和商业模式等为依托,以有利于创新的制度和文化为环境的产业集群。与模仿型产业集群相比,其创新程度较高;与劳动密集型产业集群相比,它属于知识或技术密集型产业集群;与传统产业集群相比,它属于现代产业集群。创新型产业集群具有较强的创新能力,因为首先集群集聚了大批致力于创新、不断开展创新活动的创新型企业、企业家和人才,它们主要从事知识或技术含量较高的产业,具有创新的组织网络体系和商业模式。再者,集群内和周边地区有较多的研发能力较高的高等院校、科研机构、行业组织、中介机构(律师、会计、资产评估等)、金融机构、公共服务机构(政府和事业单位)、产品和要素市场及技术基础设施(通讯等)等,能够提供先进的技术、市场和知识,拥有不断创新的商业模式,拥有一个或若干在国内外市场上较有影响的品牌产品。最后,集群营造了有利于企业创新的制度和文化环境,如鼓励企业创新的法律和政策环境、鼓励创新、相互学习、容忍失败的文化氛围、致力于创业和创新的企业家精神等。因此发展创新型产业集群是推进区域创新的重要途径。

我国非常重视创新型产业集群的发展。2011年7月,科技部发布《关于进一步加强火炬工作促进高新技术产业化的指导意见》,首次明确提出通过实施创新型产业集群建设工程,推动战略性新兴产业的培育发展和传统产业转型升级,并发布了《创新型产业集群建设工程实施方案(试行)》。该方案明确指出,科技部将以国家高新区为主要载体,支持一批战略性新兴产业集群,建设一批具有国际竞争力的创新型产业集群,推进区域创新体系建设,并初步确定了中关村移动互联网、大连软件和服务外包、武汉地球空间信息技术等41个高新技术产业集群作为首批创新型产业集群建设试点工程,从培育和提升两个方面分类指导和推动试点工程3~5年内达到千亿元产业经济规模，并引导和催生出若干个百亿元创新产业集群。2012年4月，国务院把此项工作纳入《关于进一步支持小型微型企业健康发展的意见》。科技部根据任务分工和试点工作实践，结合发达国家创新型集群建设的经验，于2013年2月正式发布了《创新型产业集群试点认定管理办法》和评价指标体系，并遴选出10家创新型产业集群试点。目前，我国创新型产业集群已经聚集优势资源，取得了显著成效。截至2015年，我国创新型产业集群已达71家，集群企业总数13322家，集群人员总数2896647人，营业收入达37382.2亿元，净利润2726.3亿元，上交税费总额2245.8亿元，发明专利19642件，研发机构2895家，服务机构731家，产业联盟187家，同时创新型产业集群围绕产业发展的基本定位和主攻方向，努力打造以企业为主体的产学研创新体系，积极培育鼓励创新、宽容失败的创新环境，不断探索集聚创新要素和成果的有效模式，初步形成了适合创新型产业集群发展的生态系统。

但我国创新型产业集群建设毕竟才五六年的时间，还存在着不少问题，例如，很多人对创新型产业集群的认识模糊不清，依赖大企业或大项目发展产业集群，忽视中小企业在产业集群形成中的主要作用；重视"七通一平"、基础设施等硬环境建设，忽视文化交流等软环境建设；相关法规不健全；鼓励发展创新型产业集群的政策还很缺乏；政府职能转变滞后，"缺位"与"越位"并存，公共服务不够；行业协会等非政府组织发育缓慢；知识产权保护乏力，产权信用环境较差；金融担保机构、教育机构和中介服务机构不足；僵硬的行政区划不利于生产要素大范围流动和聚集等；一些创新型产业集群产业层次和附加值偏低等等。这些问题无疑都和集群合作创新能力弱有关。

据科技部2016年的统计数据，在71家创新型集群中，仅仅有187家产业联盟，比2014年还下降了9.7%，是所有经济指标中下降最多的一个。但随着现代技术信息的快速发展及顾客个性化需求的多元化，产品和服务的技术研发呈现出开放性、系统性、复杂性和快速性特征，这些特征对企业技术创新速度和质量要求越来越高，创新风险与创新投入也越来越大，使得企业独自进行技术创新的难度越来越高，因此积极参与构建创新网络，寻求利用更多的外部创新资源，提升合作创新能力以培育企业竞争优势是企业创新发展的一条有效途径。尤其是对于中小企业而言，由于企业规模较小，在资金、人才和信息的获取、研究开发、市场开拓等方面均处于劣势地位，单个企业依靠自身能力取得技术创新的成功非常困难。因此中小企业应尽力寻找合作者，以分工合作方式进行技术创新。另外，企业集群内由于产业、知识、战略、空间等多要素的邻近性，为企业间合作提供了便利条件，能够拓展企业创新的空间，获得多种创新资源，因而集群企业之间的合作创新是提升企业集群创新能力的一种有效途径。

然而，现有对集群企业合作创新的机理研究并不深入，现有学者一般从某一种或几种影响因素入手，采用实证方法检验这些因素对集群企业合作创新的影响机理。但集群企业合作创新具有典型的网络形态特征：一方面，集群企业的合作创新行为既有经济性合作，也有社会性合作，前者形成创新网络，而后者则形成社会网络，两者共同影响企业合作创新绩效；另一方面，企业在合作创新活动中的地位、与其他主体之间的关系、合作者的创新资源和创新能力、合作创新环境等因素不仅直接影响合作创新绩效，各因素之间还相互影响从而影响创新绩效，对这些直接影响尤其是间接影响还需进一步验证。

第二节 研究意义

创新是一项高投入、高收益和高风险的活动，合作创新不仅能够弥补创新资源的缺口，更能够分担创新风险。创新型产业集群内组织合作创新是一个复杂的系统，既受集群内合作创新主体的动机、资源、能力等因素影响，产业集群创新政策、服务水平、合作便利性等外部环境也是不可忽视的因素。本项目结合组织合作创新理论、产业集群理论、社会网络嵌入理论和组织学习理论系统阐述产业集群嵌入性、企业学习能力对集群内组织合作创新的影响机制，并以北京市、上海市、广东省、河南省、山东省等五省市的20家入选第一批和第二批创新型产业集群试点的产业集群内的70家企业、20家科研机构和高校及14家金融、会计事务所和法律事务所等服务结构的调研数据进行实证分析。同时结合国内外创新型产业集群合作创新的发展经验，总结和归纳创新型产业集群内组织合作创新成功运营的经验，从完善政府宏观管理措施、优化创新型集群管理办法和提升集群内企业和其他组织的创新和学习能力三方面着手提出改进创新型产业集群合作创新能力的建议和措施。本书的研究成果从学术方面看，有助于从理论上探索对集群内组织合作创新绩效有重要影响的内外部因素，明晰影响合作创新的机理，系统研究知识共享和组织学习能力在合作创新中的重要性，探索创新理论、合作理论和知识理论的融合。从应用角度看，有助于系统深入理解集群内组织合作创新的关键因素及相互作用机制，更加凸显在合作创新中组织间知识共享的动机和学习能力的重要性，对加强企业合作创新、提升企业的创新能力、改善创新型产业集群运营效果以适应和引领经济新常态具有指导价值。

第三节　国内外研究综述

一、创新型产业集群研究

（一）创新型产业集群的内涵研究

国外学者对创新集群的内涵研究较多。经济合作和发展组织

(OECD)通过对波特理论的分析，提出了创新集群新的概念，认为集群是一种经济现象，是企业之间相互作用整合之后提高彼此竞争优势的一种方式。以往学者大都认为创新来自于基础研究，是基础研究不断发展的结果。而OECD认为创新不仅仅来自基础研究，企业在培训活动、商业活动和管理活动等经营活动中也不乏新观点和新模式的涌现，而企业集聚更容易产生这类创新，因此创新集群是国家创新体系的简化，具有国家创新系统的所有特征，可以理解为较小规模的国家创新系统。创新型产业集群与OECD界定的创新集群相似，是区域创新系统的简化，更加关注集群内企业创新能力以及如何保持持续的竞争优势。

Voyer（1997）首次明确提出了创新产业集群的概念，认为创新产业集群指某区域内的企业集群，该集群包含了某个产业或相关多个产业的供应商、制造商及服务商，需要便利的交通运输通道、完善的服务系统、企业孵化器、金融机构、研究中心及科研院所等组织作为支撑条件，集群的核心是拥有丰富的知识和高科技产品。他从专业角度分析了创新产业集群的特征，包括保持地方经济可持续发展、研究教育机构的需求、信息网络带来的区域凝聚力、高效融资、为商业实践和创业发展提供机遇、优化当地产业结构、提升区域创新能力等。

Lynn（2008）等根据产业集群的内在关系将产业集群分为三类：非正式集群、有组织的产业集群和创新型集群，认为创新型集群是产业集群发展的最高阶段，集群内各方面管理较为完善，运行功能趋于成熟，创新是集群企业发展的主要驱动力，实现优势互补和资源共享是集群发展的目标，政府、中介组织和科研院所是集群创新的主要支撑，通过某种机制联系在一起，形成相互交融和延伸的创新系统，集群内所提供的基础配置资源以及创新信息，使各组织能够便利地进行研发、制造、商业化和扩散，从而促进集群结构升级和发展。

我国学者刘春芝（2005）认为创新型产业集群具有四个特征：

一是,建立在相互协作以及专业分工基础上的某类产业以及相关联产业;二是,这些产业集群集中在某个特定区域;三是,集群内部各组织之间存在竞合关系;四是,创新是产业集群发展的主要驱动力。王辑慈(2008)阐述了创新型产业集群发展的两种路线即低成本型和创新型,并从区域发展、技术创新、产业组织、全球化等几个角度对集群的内涵和外延进行了全面的解释,最终得出结论是只有形成健康发展的产业集群,才能使企业的竞争力得到极大提升。吴添祖(2012)认为真正的创新型产业集群是在某个区域范围内,集群内部的知识交流非常集中,拥有共享和相互学习的共同社会价值观,集群内通过组织创新来实现新产品的创造和产业的优化升级。

(二)创新型产业集群的发展研究

目前,国内外学者主要采用实证方法检验创新型产业集群运营和发展的影响因素和影响机理。Argote(2008)在内生增长理论的基础上,构建了空间计量模型实证检验了创新型产业集群对区域经济的影响程度。Seufert(2009)采用实证方法检验了研发实验室在较低竞争强度、拥有大量人才和市场规模较大的产业集群里绩效更高。Cowan等实证研究了人才、研发和创新对经济发展的影响,发现生产力增长和城市就业率、人才素质、创新的关系非常紧密,研发对生产率的增长短期内影响不大,长期影响也不显著。Turner(2012)采用空间计量经济方法研究了创新集群的多样化和结构化对创新绩效的影响。Bettis(2013)等通过调查发现创新集群和一般生产型集群的区别,实证检验了集群的集中度和集群内组织的专业化分工对集群创新绩效的影响,发现集中度和创新绩效正相关,而专业化分工的程度和创新绩效负相关。Philip(2012)研究了生命科学和医药生物两个知识密集型行业的经济地理特征,认为空间知识能力和空间知识领域对行业创新能力具有重要影响,而且两类行业的研发主要采用合作方式,运用全球网络化研发手段，共同合作完成研究。Sar（2009）对德国产业集群的发展及影响进行了深入探索，通过对德国产业集群和其他国家产业集群的比较分析，发现成熟集群在新创企业、收入和就业率方面都有很好的表现，但对新技术领域的发展具有抑制作用。我国学者吴晓波（1999）按产业集群所处地理区域内专业化程度分为了两类：一是低成本集群，一般都是在一些具有特色手工艺的地理区域存在，其发展主要建立在廉价材料和劳动力基础上，集群内大部分属于劳动密集型的家族企业；二是创新型集群，也称为高新技术产业集群。这类集群的建立以研究机构和当地大学为基础，主要特征是风险投资、创新文化、冒险、鼓励合作、新技术新知识扩散等，是高新技术企业的集聚地。两类集群最大的区别是消耗的资源不同，前者主要以自然资源为主，而后者则主要消耗信息和知识等高级生产要素。

二、产业集群嵌入性研究

（一）产业集群嵌入性内涵研究

Marshallr（2003）、Andersson（2002）等将产业集群嵌入性分为关系性嵌入、结构性嵌入、文化性嵌入、政治性嵌入、业务嵌入和技术嵌入。关于关系性嵌入的研究成果比较多，代表性的有Tsai、Brass、Galaskiewiezetal（2004）认为关系嵌入性的主体可以是组织中的个体，也可以是组织内的业务单元或者是组织本身；Andersson、Forsgren和Holm（2002）认为关系嵌入性是企业的重要战略性资源，企业之间不同的关系嵌入性是造成企业绩效差异的重要原因；Gilsing和Nooteboom（2005）、Gilsing和duysters（2008）认为强联结关系嵌入性、弱联结关系嵌入性与企业绩效之间的具体关系受到网络类型（探索——利用导向）和网络结构的调节；社会学领域的Granovetter

（1973）最早对关系嵌入性的维度进行划分，其在对求职问题的研究中用投入时间、情感强度、亲密性和互惠服务四种因素来度量关系嵌入性的强度；Gilsing 和 Nooteboom（2005）将关系嵌入的维度从个体层面调整到组织层面，分别是关系久度、交往频率、相互信任、共享范围。随后，Gulati 和 Syteh（2007）、McEvily 和 Mareus（2005）等学者所做的嵌入性研究是从组织学习的角度出发对关系嵌入性的维度进行划分的。

结构性嵌入是指组织所处网络的总体结构，强调群体的关系与机制对交易关系的影响。具有代表性的观点有 Burt（1992）的结构洞理论和 Coleman（1988）的封闭网络理论；Brass 和 Burkhardt（1993）、Gulati 和 Gargiulo（1999）对结构嵌入做了实证研究，指出结构嵌入通常以中心性或网络地位作为其操作性定义，并认为位于网络中心或具有较高网络地位的成员可以为自身带来信息及所需要的利益；Zaheer（2005）对加拿大的网络关系与企业创新产出关系做出分析，得出网络结构能促进公司创新绩效；Ahuja（2008）研究了国际上的化工产业，发现企业间的直接联接和间接联接都对企业创新绩效存在正向影响，此外，企业中结构洞的数量反向影响企业创新绩效。

文化嵌入的概念最早是由 Zukin 和 DiMaggio（1990）提出，他们认为文化嵌入指共享的集体理解在塑造经济战略和目标上的约束。此后，Cooke 和 Schienstock（2000）将文化嵌入的概念引入到集群中进行分析，指出文化嵌入广义上可以理解为个体对区域文化整体的融入和适应，并受其规制。在文化嵌入的分析中，根据嵌入的区域文化的不同内容和程度差异，文化嵌入的分析也有两种不同的视角，一种是分析文化嵌入的内容维度，代表性的研究 Saxenian（1994）对硅谷和128 公路集群发展差异的比较分析，James（2003，2005）对美国盐湖城高技术产业集群摩门教文化影响进行研究。

关于业务嵌入的研究。Andersson、Forsgren 和 Holm（2002）认

为业务嵌入性是指企业之间在商业行为上的相互依赖性程度，较高程度的业务嵌入性表明企业之间交往比较长久，同时伴有市场方面的信息和资源的交换以及业务行为上的相互调整；Hansen（1999）从知识转移和获取的角度看，业务信息嵌入性非常有利于新颖信息的获取；Zaheer 和 Zaheer（1997）的实证研究表明，与其他组织建立广泛的业务上的弱联结关系非常有助于提升企业绩效；网络资源观的大量研究表明，Lavie（2006）（2008）企业可以通过业务资源嵌入性获取和利用网络中的资源，进而提升企业的竞争力。

对技术嵌入的研究。Andersson、Forsgren 和 Holm（2002）认为技术嵌入性是指企业之间在产品和制造工艺开发上的相互依赖性程度，较高程度的技术嵌入性表明企业的新产品设计和制造工艺开发充分考虑到相关企业的技术；McEvily 和 Mareus（2005）和 Wu 和 Liu（2009）认为技术信息嵌入性的企业非常有助于企业获取新颖的技术信息以及企业竞争能力的提升；Quintana 和 Benavides（2008）、ZiLin 和 PohKam（2004）指出组织学习，特别是其中的探索性学习非常依赖于技术信息嵌入性所获取的新颖的技术信息。

（二）集群嵌入性对创新的影响研究

现有学者普遍认为关系性嵌入和结构性嵌入是影响企业创新的主要嵌入性，因此这两种嵌入性和企业创新的关系是学者们研究的重点，但并没有得到一致的结论，在某些方面甚至陷入悖论中，为了解释其中原因，学者利用不同的中间变量进行实证研究。Tomlinson（2011）、Fangsc（2009）等认为强联接能够塑造和增强节点行为者之间的信任，促进相互交流与互动从而有利于合作伙伴间的相互学习与知识共享，并抑制机会主义行为，而弱联接不仅可以降低关系成本，同时可以传递异质性知识从而对合作创新更加有用。Uzzi（1996）、Rowley（2000）等认为在高密度网络中，众多的行为者之间紧密联结、相互协作，容易促进信任机制的形成及共同行为规范的维系，从而有利于资源的快速流动；低密度的网络有利于获得异质性信息和发展机会，占据结构洞中心位置的企业，拥有资源优势和控制权优势；Uzzi 和 Lancaster（2003）、McEvily 和 Mareus（2005）、Moran（2005）的研究是支持了关系嵌入性与绩效之间是正向关系的观点；McEvily 和 Zahe（1999）证实了关系嵌入性与创新能力存在反向的关系；Uzzi（1996，1997，1999）在对 23 家服装企业的研究中发现关系嵌入性与绩效之间存在倒 U 型的关系，即存在过度嵌入问题；Rowley（2000）、Antonio（2007）、Gargiulo（2009）等学者的研究发现，关系嵌入性与绩效的关系实际上受到一系列调节因素，特别是网络密度因素的影响，关系嵌入性与绩效之间存在权变的关系；通过对关系嵌入性与绩效之间关系进行的总结可知存在一个所谓的"关系嵌入性悖论"问题；Anioni（2007）认为嵌入在一个由强联结和弱联结构成的混合网络中的企业具有更高的动态创新能力。

关于文化嵌入与集群创新绩效的关系，学者们的观点也尚未取得一致。一些学者肯定了文化嵌入对集群的积极作用，Capello（2005）认为文化邻近是关系资本存在的前提和基础，而关系资本有助于集体学习和相互合作；也有学者对文化嵌入持否定态度，Sorensen（2002）认为文化嵌入具有天然的排他性，文化嵌入会使企业之间形成小群体和小圈子现象，从而导致排外和封闭，使集群的发展锁定在既有的技术和产业路径上；James（2007）也认为文化嵌入有利于规范一致行为而约束了其他行为，这将阻碍新奇和变异行为的产生，从而不利于技术创新。Giuliani（2009）、Bell（2012）认为文化嵌入通过影响企业的知识网络结构和外部学习行为影响企业创新。

采用各种中间变量解释嵌入悖论是近年研究的重点。有学者对情境因素的调节作用进行深入的研究探讨关系嵌入性的不同维度在不同情境下的表现，Gilsing 和 Nooteboom（2005），Gilsing 和 Duysters

(2008)认为在不同的探索型情境和利用型情境下,关系嵌入性的四个维度对企业技术创新绩效的影响是有差别的,如在探索型的情境下,需要高的互动频率、相互信任以补偿专有的关系投资,同时,由于探索型情境所特有的不确定性要求以及对声誉机制的需要使得探索型情境下的关系嵌入性要求有较广的共享范围。Giulian(2008)等认为吸收能力可以很好地解释集群内知识创造的机制。Rowley(2000)等以网络类型和网络密度为中间变量对关系嵌入悖论进行了解释。Gilsing(2008)等检验了网络环境的调节作用。国内学者借鉴国外研究成果实证检验两者之间的关系。范群林、邵云飞(2010)从节点度、中介中心度和结构洞三个维度,实证分析了传统产业集群创新网络的结构嵌入性对集群企业创新绩效的影响;魏江(2013)等以产业集聚环境为调节变量研究关系嵌入和企业创新绩效之间的关系;吴晓波(2010)等分别以产业集聚环境、知识获取能力、组织间互动为中间变量研究关系嵌入和企业创新的关系;盛亚(2010)等研究了结构洞分类及其在创新中的作用;蒋天颖(2013)等以知识转移为中间变量研究网络结构与创新绩效的关系;张恒俊等(2014)通过引入知识溢出、知识吸收能力两个中介变量,研究关系嵌入性对企业创新绩效的影响,关系嵌入性对显性知识溢出和隐性知识溢出都具有促进作用,知识溢出对企业创新绩效具有正向影响,知识吸收能力对企业创新绩效有正向促进作用;杨皎平等(2015)引入"集群网络合作度"和"集群网络开放度"两个中介变量,充分考虑了集群文化嵌入所蕴含的创新优势和劣势,辩证地分析了文化嵌入与集群创新绩效的非线性关系,并将创新环境不确定性作为调节变量引入分析框架;吴楠、赵嵩正(2015)从技术联盟网络嵌入性的视角出发,选取组织间学习能力为中介变量,对不同网络关系嵌入主体对中小企业技术创新绩效的影响进行了实证研究;简兆权、柳仪(2015)选取网络能力作为中介变量,探讨了企业的关系嵌入性和网络能力分别对服务创新绩效的影响。

三、合作创新研究

国内外关于合作创新的研究主要集中于：合作创新的概念、创新动机和优势合作组织模式、合作创新风险分析及防范研究、合作创新的发展趋势研究等领域。

Fusfeld 和 Haklisch 提出合作创新是两个以上的企业分别投入创新资源而形成的"合作契约安排"，目的是为了实现共同的研发目标。Hagedoorn 和 Schakenraad 等指出，合作创新逐步被认为是不同企业、不同知识和技能的融合。傅家骥认为，合作创新是企业间或企业、研究机构、高等院校之间的联合创新行为。郭晓川认为合作创新是指由两个以上的创新主体共同参与到一个创新过程中，共同投入资金和分配创新的成果，然后再进行各自的差异化创新所形成的一种技术合作契约关系。由此可见，合作创新的核心任务是技术创新，特点是创新主体的合作，目的是资源互补、分担风险、获取技术学习等。

国内外学者对合作创新的动机和优势进行了深入研究。Badatacco 等认为要实现企业间隐性知识转移，合作是必不可少的一种方式。Williams 提出，技术创新的高投入和高风险是企业寻求组织外部合作的主要动机。Sakakibara 等认为节约技术交易成本、整合多主体创新资源、减少创新溢出是合作创新的优势。王娟茹提出，合作创新过程要求企业间能够进行有效的知识交流与知识共享，合作企业以彼此的能力和知识作为杠杆来增强合作创新的竞争力和生命力。资源和能力互补、共享知识和经验、分担创新成本和风险是企业合作创新的主要动机和优势。

Cyert 认为合作创新的项目特征、工作小组的团队合作、合作过程管理、成员之间的密切联系、知识传播和扩散模式、组织安排、信息技术的应用是影响合作创新的主要因素。Bouroche 指出要在产学研合作创新中实现"双赢",需要在以下方面作出努力:克服文化交流障碍,有效团队建设,周密的合作计划,完善的激励制度,强有力的领导。Branatetter 对日本政府倡导的合作研究进行了大规模样本计量经济分析,他们发现合作联盟的经常参与程度与研究投入及创新产出率呈正相关。Ingham 观察了欧洲高技术企业参与的 R&D 合作联盟组织的学习过程,发现企业的合作绩效与以下六个因素有关:合作方的相互信任,企业中研究开发活动的集成性,获得足够的互补性资产,合作过程中各成员的参与程度和合作动机,企业自身的研究开发经验,技术联盟中企业的数量。影响企业合作创新的因素较为复杂,既有自身资源和能力因素,也有外部环境的影响。

Bruce 考察并研究了英国上百家通信及信息企业,结果表明:超过 40% 的企业认为合作开发比独立开发更复杂、更费时。Arthur Andersen 对全球近百家企业联盟进行考察后发现,失败的企业占 30%,令人失望的企业占 27%。Morasch 等认为企业在合作研发中,面临着很多的信息不对称和不确定性,是道德风险的主要原因,设计彼此能接受的知识版权方案和监督是防范道德风险的两种方案。Peng 和 Shenkar 认为由于存在"知识外溢"和"知识揭露悖论",对于以共享技术知识为前提的合作创新,成员企业间缺乏相互信任是最主要的失败因素。徐恩波针对合作的不同方式进行了风险分析,指出合作风险包括信用风险、技术风险、管理风险、市场风险与利益风险五个方面的内容。郭晓川等研究了合作创新中道德风险的产生机制和表现形式。由此可见,合作创新的风险很高,也很复杂,分析合作创新风险产生机制和预防措施是必要的。

四、组织学习研究

组织学习能力、学习过程及学习意义备受学者关注。最早对组织学习进行深入研究的当推 Argyris，他将组织学习定义为"组织对过去发生的行为进行检测和修正"的一系列活动，具体包括发现问题、探寻解决途径、实施解决办法和向其他组织推广四个阶段。Huber（1991）则深入分析了组织学习的内在机理，认为组织学习包括知识获取、知识发散、知识解释和知识记忆四个阶段。Crosson（1999）在 Huber 研究的基础上，提出组织学习经历直觉、解释、集成和制度化四个阶段，并在个体、团体和组织三个层面循序进行。关于组织学习对企业创新的影响，学者们也从不同视角进行了深入研究，比较有代表性的有如下学者：Stata（1989）发现企业学习可以增进创新，尤其在实施密集的产业中，个人和组织学习所形成的创新，能够使组织保持长久的竞争优势；Glynn（1996）则证明企业的学习能力不仅会影响创新观点和创新方案的形成，甚至会影响创新的执行和创新的成果。

对组织学习的研究主要有以下四个方面：以 Klimecki 为代表的系统学习研究，认为组织学习是组织内外部环境的综合活动；Arygyris 等从认知方面研究了组织学习，他们基于组织决策理论研究组织学习是组织基于过去和其他组织经验对现实的解释；Cook 等从文化视角研究组织学习，认为组织学习是改变组织保护性常规的活动；Kolb 则认为学习通过行动发生并经过行动后的反思得以加强。

March（1991）提出开发式学习和探索式学习两种学习模式，认为开发式学习是对既有策略、规则以及其他知识的进一步开发和利用；而探索式学习则是企业积极主动寻找和创造新知识。Holmqvis（2003）认为开发式学习的实质是企业把已有的知识进行运用，把既定的规则加以贯彻和落实，而探索式学习则是企业吸收新知识从而改变既定行为和思维模式。

关于学习要素的研究也非常广泛。Garvin 认为包括学习环境、学习过程和教练三个维度；Baker 认为应从学习导向、信息、行为三个方面测量组织学习，而学习导向包括学习承诺、分享愿景和开放心智，信息包括信息产生、信息扩散和动态规划；Jerez 等根据个人学习和组织学习的关系以及知识获得、转移和整合过程，从能力视角开发了一个学习测量的量表，该量表包括企业管理承诺、学习系统、开放性和实验、知识转移等四个维度。

组织学习的影响因素也是学者们关注的一个重点。从整体来看，影响组织学习的因素有四类。一是环境因素。学者们以 Cyert 的组织适应论为理论基础，认为组织学习在某种程度上是组织对外部环境的适应性行为，是组织在不确定环境中求生的必备技能。因而外部环境的复杂性和不确定性是影响组织学习的重要因素。而组织内部环境是组织学习主体自身的特征，对组织学习成效具有决定作用，心理安全感、组织认同、差异尊重度及开放性文化、反思时间等企业内部因素是学者们关注的重点。二是组织特征。组织特征对组织学习的影响是近期研究的热点。学者们围绕组织目标、组织构成及结构、组织冲突等对组织学习的影响展开多视角研究。三是领导因素。领导因素是组织学习最为重要的因素。Berson 等认为领导类型对学习影响很重要，转换性领导常常能够促使企业成员挑战既定的行为，而交易性领导则强化企业成员开发已有知识，对已有知识进行精细化。除此之外，领导还通过目标导向、氛围构建、文化引导等影响组织学习。四是任务特征因素。学者们从学习对象出发研究任务本身特征对企业学习的影响，任务复杂性、依赖性和独立性是影响组织学习的关键因素。

五、现有研究综述

综上所述，学者们对创新型产业集群及创新的研究十分广泛，对合作创新的内涵、优势和运行机制进行研究。但对创新型产业集群的内涵及集群内组织合作创新的关键影响因素及影响机理还需深入探讨。尤其是从产业集群嵌入性视角研究合作创新绩效还有很大的研究空间。

（一）创新型产业集群的内涵尚不清晰。目前我国学者一般根据科技部制定的创新型产业集群认定办法界定创新型产业集群，对集群的特征仅作定性描述，缺乏对该类型集群内涵的深入研究和一般发展规律的探索。

（二）现有学者仅仅研究了关系嵌入和结构嵌入对创新的影响，但对合作创新的影响还需检验。另外制度嵌入、环境嵌入等尚没有得到深入研究。

（三）产业集群嵌入对合作创新绩效影响机理研究不够深入。现有研究陷入了嵌入性悖论，虽然尝试引入中间变量对此进行解释，但没有得出令人信服的结论。

（四）企业学习能力的中介作用没有得到深入论证。虽然嵌入性对合作创新绩效的影响受制于企业自身因素，但企业学习能力的调节作用尚没有被充分论证。基于此，本项目以对河南省创新型产业集聚区的调研数据为基础，对产业集群嵌入性、集体学习及合作创新绩效的关系进行深入分析，既丰富了现有研究成果，对产业集聚区的管理及企业合作创新也具有一定的指导意义。

第四节　研究内容

本项目应用产业集群理论、嵌入性理论、知识和学习理论及合作创新理论，根据现有文献研究成果，构建数学模型，利用国内20家创新性产业集群的调研数据，对集聚区嵌入性对企业合作创新绩效的影响机制进行理论和实证研究，并综合分析了美国、英国、日本等国外发达国家和我国北京、上海等先进地区的创新型产业集群合作创新

第一章　绪　论

的成功案例，总结了国外先进经验，在此基础上提出提升创新型产业集群合作创新绩效的建议和措施，具体包含以下几个部分。

（1）绪论。该部分概括介绍了创新型产业集群组织间合作创新的研究背景及研究意义，梳理了与本书研究问题密切相关的创新型产业集群、产业集群嵌入性、合作创新和组织学习的现有研究成果。对国外文献中有关嵌入性的种类及形成、对合作创新的直接影响、中间变量在嵌入性与合作创新间的中介作用进行总结和概述，然后从知识视角研究企业学习能力对合作创新的影响尤其是其在嵌入性和合作创新之间的中介作用和调节作用进行了综述。最后对国内合作创新、嵌入性和学习能力的文献进行归纳和整理，探寻尚存的研究空间，探索本项目的研究基础和研究意义。本部分概括介绍了本书主要研究内容、研究方法和研究结论，并指出本书可能存在的创新点。

（2）理论基础。该部分首先对产业集群的概念、特征及对经济发展的作用进行了界定，然后对创新型产业集群的内涵、基本特征和功能进行了界定；对产业集群嵌入性的概念和种类进行了界定，分析了嵌入性形成的机理及其对产业集群发展的影响；对合作创新的概念、特征、优势进行了分析，并阐述了常见的合作创新模式；归纳了组织学习的含义、方式和环节，并重点阐述了组织学习在企业发展中的重要性。

（3）我国创新型产业集群发展现状。首先分析了我国创新型产业集群的认定标准和发展历程，根据对我国创新型产业集群的调研数据，分析了我国创新型产业集群内企业状况、政策、配套服务及形成方式，同时分析了集群内企业发展现状和组织合作创新状况，总结了我国创新型产业集群发展的特征、态势和存在的主要问题。

（4）我国创新型产业集群组织合作创新的理论分析。首先分析创新型产业集群内组织合作创新的特征、动力、基础和社会网络结构，然后分析了影响集群内组织合作创新的关键影响因素，最后分析了创新型产业集群的环境嵌入性、网络嵌入性和双向嵌入性对组织合作创新的影响机理。通过分析嵌入性、学习能力和合作创新绩效三者之间的关系，提出"嵌入性、企业学习对产业集聚区内企业合作创新绩效的影响"的理论模型，依据该理论模型对嵌入性、学习能力和合作创新绩效之间的作用机制进行分析。

（5）创新型产业集群嵌入性和组织学习影响组织合作创新的实证检验。本部分根据上述理论研究提出嵌入性、组织学习和合作创新绩效的假设关系，首先采用结构方程模型，利用样本数据实证检验了各种嵌入性及组织学习能力对合作创新绩效的直接影响，然后检验了组织学习能力在嵌入性和合作创新绩效之间的中介作用，根据两种实证检验结果归纳出嵌入性、企业学习对合作创新绩效的影响。

（6）案例研究。本部分以美国、日本、英国等发达国家的成功创新型产业集群和我国北京中关村产业集聚区为例分析了创新型产业集群组织合作创新的成功经验，总结了这些产业集群的环境、政策和发展模式，详细探究了案例集群内组织合作创新的状况及影响因素，归纳了成功合作创新的经验。

（7）提升创新型产业集群组织合作创新的措施。在前几部分研究的基础上，本书在该部分从企业层面、集群层面和宏观层面提出优化措施。

第五节　研究方法

基于本书研究的理论背景和主要内容可以看出，本项目主要基于嵌入性、知识共享与学习能力和合作创新理论相结合展开研究，因此研究过程中主要采用了文献研究和实地调研相结合、定性分析和定量分析相结合的研究方法。

其一，文献研究与实地调研相结合。本研究通过文献整理对所涉及理论观点相关的已有研究成果进行收集、整理、阅读、评判及引用。针对嵌入性理论、组织学习理论、合作创新理论的相关文献进行述评，探索三个理论领域相结合的路径和方法。在实地调研方面，本研究针对提出的理论模型，对各变量设计了测量量表，基于量表设计了调研问卷和访谈问题，组织课题成员对我国 20 家创新产业集群内的 100 多家企业或其他组织进行访谈、交流和讨论，搜集研究数据。文献整理与实地调研相结合，文献研究为本项目提供理论借鉴和支撑，是提出理论模型的依据；实地调研为本项目提供研究数据和实践基础，对理论模型和假设进行验证。从开始选题到观点形成及理论模型的构建，从模型检验到基于理论框架的对策建议的提出，都充分体现了文献整理与实地调研方法的紧密结合。

其二，定性分析与定量相结合。本项目采用定性方法分析创新型产业集群嵌入性的形成机理、嵌入性对合作创新绩效的影响机制和嵌入性、组织学习能力和合作创新绩效的理论模型，而采用实证研究方法验证理论模型是否能够成立，采用专业软件对基于定性研究推导出的结论进行了量化分析与验证。通过综合运用定性和定量研究方法取得了研究结果。

第六节　研究结论

通过上述分析论证，本书得出以下主要研究结论。

一是，从调研的数据分析可以看出，我国创新型产业集群经历了五六年的发展，已经呈现出良好的发展态势，但集群创新能力不高。合作创新因其多组织共同参与分散了创新风险，有利于隐性知识传播，是一种能够克服单个企业创新资源和创新能力制约的创新模式，创新型产业集群内的企业和其他组织存在空间、产业、文化等多方面的临近性，更有利于组织合作创新。

二是，产业集群的网络嵌入性和双向嵌入性对集群内组织合作创新具有直接的显著影响。产业集群的环境、组织类型及结构、组织多边关系及合作者之间的双向关系是影响集群内组织间合作创新的主要嵌入性，但环境嵌入性的直接效应并不显著，而网络嵌入性和双向嵌入性对集群内组织合作创新具有直接的积极作用。

三是，企业学习直接和间接影响集群内组织合作创新绩效。企业在和集群内其他企业或组织进行合作创新时，可以通过整合合作创新获取的新知识和原有的知识储备，创造出新知识并在合作伙伴之间进行传播和扩散，其他合作伙伴吸取新知识并和自己的旧知识整合从而创造出更多新知识，这样就会有更多新知识运用于合作创新活动中，从而直接提升合作创新绩效；企业学习能力在嵌入性与合作创新绩效之间起到显著的中介作用。产业集群的文化氛围、创新制度和平台建设对企业学习的影响很大，企业和合作伙伴的关系和结构影响企业获取的知识类型和知识数量，并进而影响合作创新绩效。良好的合作关系能够使企业学习到更多新知识，而在合作网络中的地位则影响企业学习中获取知识的质量，结构洞的控制数量则直接影响企业获取新知识的广度和深度，企业与合作伙伴的信任度越高，在合作过程中越向对方开放，企业从中获取的新知识就会越多，质量也会越高，同时在互赢和互惠的合作中，彼此共同解决问题、知识共享，能够获取更多的隐性知识，而这些知识对合作创新来说十分关键。

四是，国内外的创新型产业集群发展的成功经验表明，合作创新是提升产业集群能力的一种有效模式，也是集群企业在进行技术创新尤其是在展开复杂先进的创新项目时普遍采用的一种创新模式。良好的集群创新氛围和创新平台是集群内组织创新的重要外部环境，影响组织合作创新意愿和创新过程；组织学习能力影响知识的传递、吸收和整合；网络关系影响合作质量。因此，创建合作创新氛围、提升组织能力和改善网络关系是集群组织合作创新的关键。

五是，创新型产业集群内的组织创新是一项复杂的系统工程。需要从微观的企业层面改善组织关系和网络结构、提升学习能力着手，采取科学方法提升合作创新能力；也需要从中观的集群层面优化合作创新环境、制定鼓励合作创新政策、搭建合作创新平台等着手促进组织合作创新；创新型产业集群所在区域的政府对产业集群的规划，对产业集群内合作创新政策激励和资金、人才、土地等资源的支撑等也非常重要，需要政府从宏观方面提升规划引导、政策扶持和资源支持。

第七节 创新点

本项目在整个研究过程中充分借鉴与应用已有相关理论与方法的同时，还尝试着进行了探索性的创新研究，以期具有较多的理论价值和实践意义。对比以往类似研究，笔者认为本研究主要存在以下两个创新点。

一是，全面分析我国创新型产业集群合作创新中的问题。本书在我国创新型产业集群试点中抽取了 20 家作为调研样本，通过对多家企业、科研院所和服务结构进行实地走访和问卷调查，根据调研数据全面分析了样本产业集群的基本状况、企业发展状况和组织间合作创新状况，归纳了集群和组织合作创新中存在的主要问题。

二是，探索了创新型产业集群嵌入性问题。尽管随着经济地理学、社会学、管理学理论的融合，嵌入性研究已经成为集群理论研究的一个重要主题。但在已有研究中关于集群嵌入性概念，涉及范围开阔且具有弹性，缺乏深入分析。本书不仅对现有研究中的嵌入性进行归类整理，还对集群内组织合作创新影响较大的环境嵌入性、网络嵌入性和双向嵌入性的形成机理进行了探究，认为嵌入性不仅仅体现在企业与合作伙伴的网络关系中，而且体现在区域文化以及行为惯例的环境文化中。

　　三是，提出集群嵌入性对组织合作创新绩效的影响机制并进行实证检验。当前集群嵌入性研究仍然处于企业行为的外围，没有深入研究集群内组织行为的影响。本书项目采用定性和定量方法研究了嵌入性、企业学习与合作创新绩效之间的关系，是嵌入性理论在产业集群研究中的拓展应用，在产业集群研究的诸多方面具有较好的诠释力。

创新型产业集群嵌入性
对组织间合作创新的
影响研究
Chapter 2

第二章 创新型产业集群合作创新的理论基础

第一节　创新型产业集群

一、产业集群的界定

(一) 产业集群的内涵

产业集群作为一种产业发展的主要组织形式，是经济地理、经济学、管理学和社会学共同研究的对象，不同学术领域关注的重点不同，对产业集群的界定也有所区别。

最早对产业集群进行研究的是经济地理学界的专家 Marshall，他在 1925 年提出产业区的概念，认为产业区是多个具有紧密联系的组织集聚的区域，并对产业区的优势进行了研究。他的研究成果引起了经济地理学界的关注，许多学者对产业区的内涵进行拓展，比较有代表性的有 Piore（1984）等学者提出的具有紧密系的区域生产综合体；Scott（1992）提出的一种基于合理分工的生产商在地域上结成的运营网络，并与本地劳动力市场密切相连的产业组织在地域空间上的表现形式；Pyke（1992）提出地理边界的生产系统，是一个区域内政治、经济、社会等紧密联系的经济综合体等，他们强调的是产业集群的空间特征。

经济学和管理学则关注产业集群的发展及管理。迈克尔·波特首次明确提出产业集群的概念，认为产业集群是指在特定区域中，具有竞争和合作关系的生产商、供应商、服务商及其相关的研究结构、中介组织等集聚在一起的集合组织。亚当·斯密从分工角度界定产业集群，认为其是由多个具有分工合作性质的中小企业以完成某种产品的价值实现为目的而结成的群体。韦伯则强调集群是企业的一种空间集聚形式,是企业在某一区域范围内相互联系的集聚体。威廉姆森认为产业集群是基于专业化分工和协作的众多中小企业集合起来形成的、介于市场组织和层级组织之间的一种中间性组织形式,该组织比市场组织稳定,比层级组织灵活。总之该领域普遍认为产业集群是多个相关产业活动在特定区域集中的现象,相关产业活动是核心内容。集群的形式多样,复杂性也不尽相同,但每一个产业集群都是由有产业关联的多个组织聚集在一起而形成。这些组织包括生产最终产品或服务的企业、生产配件的企业、生产相关机械的企业、提供产业内服务的企业以及在专业知识和技能方面能够产生支持作用的研究院、研究所、大学、培训中心等组织。

社会学则强调产业集群的网络性,认为社会关系及组织合作对产业集群发展的重要性。

综上所述,产业集群是特定产业价值链上的众多具有分工合作关系的组织高度集中在某个特定区域,通过纵横交错的网络关系紧密联系在一起的空间集聚体,是介于市场和企业之间的一种组织形式。产业集群具有以下七个方面的特征:

产业特性。一定的产业集群内的企业或组织基本都在特定产业的价值链上,为实现产业价值而分工合作。比如处于河南省郑州市的中牟汽车产业集群,总规划面积40平方公里,已建成4平方公里。根据汽车工业发展的需要,园区设置了汽车整车生产区、汽车零部件生产区、标准化厂房示范区、仓储物流区、商贸展示区、行政服务区和生活服务区等七大功能分区,集聚了日产汽车、海马汽车和河南红宇集团三家整车企业及泰新内饰、平丰合棉等多家汽车内饰企业,50多家汽车零部件供应商等,十多家会计师事务所、法律事务所及人力资源培训机构等服务机构,汽车研究院等科研院所也即将入驻园区,所有组织均为汽车产业价值链上的一员,在实现汽车价值目标上分工合作。

特定区域空间上的集聚。产业集群是对应于一定的区域而言的，是经济活动主体在一定区域内的集聚。各组织间由于地理上的邻近，不仅节约了运输成本，还有利于企业间交流、竞争以及实时信息的传递。如河南省的冷冻产业集群集中于商丘市民权县，汽车生产集中于在中牟县，物流产业集群则集中在航空港。

企业间分工。单个集群企业内部一体化程度很低，大量的企业在集群中只是产品作业链条上的一个环节。如河南中牟的汽车产业集群，与汽车相关的设计、生产、零部件供应、维修、销售等活动全部由当地独立的企业或加工专业户来完成，每家企业的产品或服务通过市场来交易，共有100多家独立企业参与分工协作。

产业链的相对完整性。产业集群是一个包含了某一产业从投入到产出以及流通的各种相关行为且主体完备的经济组织系统，它们处于相同或是相近的产业链上，具有前后向或横向的产业联系。企业和机构之间的分工协作关系是决定集群效应和本质的主要特征，集群经济使同一产业内部分工更为精细化，使一家企业可以集中于该产业的某一道工序或某一种中间产品的生产。不但有生产性的企业，还有大量为生产提供辅助性服务的机构，如大学、研发机构、咨询公司紧密地联系在一起，形成利益共生体。

众多企业形成复杂的网络关系。企业数量足够多，竞争与合作并存。集群所在地存在着复杂稠密的社会网络关系，人与人、企业与企业之间发生着频繁的互动活动和知识交流，人们通过正式和非正式的交流渠道共享知识和创新。产业集群内部综合了市场和政府的功能，综合了技术创新和组织设计的因素，但是在整合力、竞争力、影响力上又超过了市场和政府。

(二) 产业集群的种类

按照集群的产业性质，可以将产业集群分为两种类型：

一是传统产业集群。集群内企业以传统的手工业或劳动密集型的工业部门为主,如纺织、服装、制鞋、家具和五金制品等行业,大量的中小企业在空间上相互集中,形成一个有机联系的市场组织网络。在这种产业集群内,劳动分工比较精细,专业化程度较高,市场组织网络发达。典型的例子是意大利的特色产业区、浙江嵊州的领带集群等。

二是创新型产业集群。集群主要依托当地的科研力量,如著名大学和科研机构,发展高新技术产业,企业间相互密切合作,具有强烈的创新氛围。美国的硅谷、北京的中关村和印度班加罗尔软件产业集群是这方面的典型代表。据研究表明,在美国像电脑、制药等高新技术产业的创新活动明显比传统产业要多,与此相对应,高新技术产业的企业更加倾向于以集群的形式存在。目前,世界各地的创新型产业集群如雨后春笋般涌现。各国政府也往往对这种基于知识或创新的创新型产业集群给予大力支持。

从产业组织结构看,可以把产业集群分为两种类型:大中小企业共生型和小企业群生型。前者是不同规模企业形成的综合体,既有一些规模较大、创新和竞争能力较强、与外界关系较广的大企业,也有一大批进行专业化生产和配套服务的中小企业,二者有机构成一个大中小企业共生互助、协调发展的产业群落。后者则是由众多的中小企业按照专业化分工和产业联系,共同形成一个互动互补、竞争力较强的有机的产业群落。目前,国内有许多学者把产业集群单纯理解为小产业集群,这是不够全面的。

(三) 产业集群的演变

产业集群演变存在着内在规律和演变方向,由于每个区域的资源条件、政策因素、产业结构、社会文化基础、人力资本等因素不同,使得产业集群的外在表现形式存在很大的差异,但总体来说仍有其共同和相通之处。以下从正反两个方向来考察产业集群的演变特征。

正向演变。所谓正向演变就是按照产业集群的产生、发展、成熟和衰亡的发展方向进行升级演进。包括形成、发展、成熟和复制四个阶段。形成阶段指由于历史、政策、市场、大企业分拆等因素促进某一产业的一个、几个或一族企业在某一区域出现，形成企业集聚。发展阶段是在规模经济和范围经济的作用下产生的强大集聚效应，吸引更多组织在本区域呈现螺旋式非线性增长，企业的生产和经营活动的专业化、市场化、社会化、自动化程度进一步提高，在同业竞争、新企业介入、产品差异化、产业升级和换代的驱使下"大而全"、"小而全"的生产经营模式和组织管理模式逐渐被打破，并开始出现分化，企业的价值链外部化趋势明显。成熟阶段指集群内企业的专业化、社会化、市场化和自动化基本上适应了当前经济、社会发展的客观要求。企业的生产链在竞争和合作的演进中适应了市场复杂快速变化的环境，企业充分地利用外部的生产体系、经营网络和物流体系，企业的虚拟化表现突出。此阶段已经形成政策开明、政府民主、环境优雅、人居和谐、学习高效、竞争规范、魅力巨大的区域和集群，该阶段竞争优势强大且持续，区域品牌效应明显。复制阶段是指产业集群在某一区域取得的巨大成功，其有形与无形的成功通过各种渠道传播与扩散，形成示范效应、典型效应和品牌优势，其他区域的个人、企业和区域领导机构在"面子"、利益与政策的压力下，开始争相复制这种成功的发展模式。

反向演变。反向演变是指由于经济、社会、文化、制度、环境等因素破坏产业集群内部机制从而使其走向衰退乃至消亡，并最终影响区域经济和社会发展。反向演变是与正向演变的对立模式，可能贯穿于正向演变的各个阶段，并对正向演变形成无形的压力，引起反向演变的因素有多种。在产业集群的形成阶段，首先是，集群产品低层次、附加值低、市场范围狭小、创新能力不足，主要依赖于基本生产要素的物化，在面对新竞争对手和替代产品不断增多的市场格局下，难免会出现过度竞争、恶性竞争的局面，并由于市场规范的不完善，机会主义盛行，且在区域创新网络不健全的情况下，产业集群的内在机理面临各种不利，有走向肢解的危险。其次是政府的角色浓重，干预的广度、深度已经超过其功能范围和能力之外，并部分代替市场的主体地位，与"自下而上"的产业集群的形成机制相抵触，直接影响产业集群的正向发展。这种情况在产业集群发展和成熟阶段比较常见。再次可能的情况是，区域内企业在和跨国企业合作中，过分依赖于外来企业的技术和知识，将始终被外来企业牵着鼻子走，最后丧失了自主创新能力，而原来区域内创新环境的质量和绩效，也会不断下降，本地企业之间的信任度下降。它的危机在于一旦所依赖的外来企业考虑成本等因素而向其他区域或国家转移，本地企业灵活性和自主性下降，最后只能逐渐失去发展的活力，走向衰退。最后是出现市场和系统失灵的情况，对集群的创伤也将是致命的。

（四）产业集群的作用

产业竞争力是一个国家或地区的产业对于该国或该地区资源禀赋结构（比较优势）和市场环境的反映和调整能力。同一产业相关的企业群居在一起，相互竞争和协作，对提高产业的竞争力有很强的促进作用。现代组织理论认为，产业集群是创新因素的集群和竞争能力的放大。波特教授认为，产业在地理上的集聚，能够对产业的竞争优势产生广泛而积极的影响。从世界市场的竞争来看，那些具有国际竞争力的产品，其产业内的企业往往是群居在一起而不是分散的。相对于单个企业，产业集群对企业和区域发展具有以下作用：

一是，产业集群提高了产业和区域的整体竞争能力。当产业集群形成后，可以通过规模经济和范围经济降低产品成本、刺激组织创新、提高经营效率、加剧组织竞争和合作等，这些都可以提升企业乃至整个区域的竞争能力，形成一种集群竞争力，竞争不仅仅表现在对市场的争夺，还表现在组织间的合作上。

二是，产业集群加强了集群内企业间的有效合作。在市场经济体系中，企业是创新体系主体，企业之间的技术合作和其他的非正式互动关系是知识转移尤其是隐性知识转移的最直接、最重要的形式。而企业间合作的基础是信任而不是契约。产业集群因组织间地理、知识、文化等多方面的邻近性更加容易走到一起，在共同分享技能、信息和资源的过程中形成并加深信任，这种以信任为基础的交流加强了组织间合作的有效性。

三是，产业集群增强了企业的创新能力和促进企业增长。集群内组织间的有效合作不仅有利于提高生产率，也有利于知识尤其是隐性知识转移从而促进企业全面创新。这种全面创新具体体现在观念、管理、技术、制度和环境等许多方面。一般地讲，集群对创新的影响主要集中在三个方面：集群能够为企业提供一种良好的创新氛围，集群有利于促进知识和技术的转移扩散，集群可以降低企业创新的成本及分散创新风险。

四是，产业集群发挥了资源共享效应，有利于形成"区位品牌"。产业集群具有地理集聚的特征，关联企业及其支撑企业发展的相应辅助机构，如地方政府、行业协会、金融部门与教育培训机构都会在空间上相应集聚，形成一种柔性生产综合体，构成区域的核心竞争力。此外，集群的形成使政府更愿意投资于相关的教育、培训、检测和鉴定等公用设施，这些设施明显地促进了集群内企业的发展。公共物品共享使资源在产业集群内具有更高的运用效率。随着产业集群的成功，集群所依托的产业和产品不断走向世界，自然就形成了一种世界性的区域品牌。

二、创新型产业集群的界定

创新型产业集群是以创新型企业和人才为主体，以知识或技术密集型产业和品牌产品为主要内容，以创新组织网络和商业模式等为依托，以有利于创新的制度和文化为环境的产业集群。与模仿型产业集群相比，其创新程度较高；与劳动密集型产业集群相比，它属于知识或技术密集型产业集群；与传统产业集群相比，它属于现代产业集群。

创新型产业集群不仅存在于高新技术产业，也存在于传统产业。因此按照产业类型可分为传统产业创新型产业集群、高新技术产业创新型产业集群。创新型产业集群中的创新是多种含义的，不仅包括产品创新、技术创新等，还包括商业模式创新、渠道创新、品牌创新等，因此按照创新类型可分为产品或技术主导创新型产业集群和商业模式主导创新型产业集群。

根据上述定义和特征，美国的"硅谷"、中国台湾的新竹、印度的班加罗尔、中国北京的"中关村"可以说是比较典型的创新型产业集群。由于创新型产业集群在不同地区和不同历史阶段具有不同的表现形式，而且其形成是一个历史过程，因此有些产业集群虽然不属于高新技术产业领域，但在不断创造新产品、新品牌、新渠道、新商业模式，且在市场上有重要地位的产业集群，也属于创新型产业集群，至少应属于创新型产业集群的雏形或一种类型。如被誉为"东方纽扣之都"的温州桥头镇的纽扣产业集群、绍兴嵊州的领带产业集群、乐清柳市的低压电器产业集群、广东中山古镇的灯饰产业集群、苏州吴江盛泽镇的丝绸纺织产业集群、被授予"中国鞋都"的福建晋江的制鞋产业集群、河北邢台清河的羊绒产业集群、青岛的家电产业集群、西安的民办教育产业集群，河南民权的冷冻产业集群等，都在一定意义上算作创新型产业集群。具体来说，创新型产业集群的基本特征有以下几点：一是拥有大批致力于创新、不断开展创新活动的创新型企业、企业家和人才，这里的企业包括供应商、用户企业、竞争企业和相关企业（互补性企业、关联企业）等；二是集群内的主要产业是知识或技术含量较高的产业，如高新技术产业和知识或技术密集的其他产业（甚至包括正在转型的传统产业）；三是具有创新组织网络体系和商业模式，在产业集群内和周边地区有较多较好的高等院校、科研机构、行业组织（协会和商会等）、中介机构（律师、会计、资产评估等）、金融机构、公共服务机构（政府和事业单位）、市场组织（要素市场）和技术基础设施（通讯等）等，拥有不断创新的商业模式，拥有一个或若干在国内外市场上较有影响的品牌产品；四是具有有利于企业创新的制度和文化环境，如鼓励企业创新的法律和政策环境，鼓励创新、相互学习、容忍失败的文化氛围、致力于创业和创新的企业家精神等。

　　发展创新型产业集群是推进区域创新的重要途径。首先，创新型产业集群是区域内创新型企业最好的生存基地。创新型企业在创新型产业集群内能得到较好的专业化服务，发展创新型产业集群可促进区域创新的基本主体——创新型企业的发展。其次，创新型产业集群是区域内教育科研机构的支持者和需求者，是创新型人才施展才华的大舞台，发展创新型产业集群可成为区域创新的重要动力。再次，创新型产业集群是区域内研究机构产品的重要市场，发展创新型产业集群可促进区域内研究机构的产业化和市场化。最后，创新型产业集群可以很好地将区域各种创新主体和要素整合起来，发展创新型产业集群可有力地支撑区域创新体系。

第二节 产业集群嵌入性

一、产业集群嵌入性的界定

最早对嵌入性进行描述的是社会学家 White，他在市场研究中关注到了嵌入性与社会网络对厂商决策的影响，认为市场是由厂商间的互动而形成，由每一个生产者基于观察他人的行为并透过回馈的过程而产生，虽未清楚地提到嵌入性的概念，但分析了社会网络的基本架构对市场行为的影响。卡尔波兰尼首次提出"嵌入性"概念，提出要在制度的框架之下分析经济理论，强调经济主体的社会嵌入性。他将经济的实质看作是人和环境互动的制度化过程，强调宗教和政治对经济的重要影响，政治、宗教和经济之间的嵌入性造就一个社会开放系统，将经济活动和其他活动分割开来是不现实的，应在互惠、再分配和市场交易三个方面分析经济交易，而互惠和再分配都是以共享的价值观和道德规范为基础的。格拉诺维特对嵌入性进行了深入思考，在《经济行动与社会结构：嵌入性问题》中首次对"嵌入性"的内涵进行了拓展，认为经济行为和结果受到行为主体间双边关系和整体网络结构的影响，个人行为紧密嵌入在人际关系网络中，受到社会、文化和制度嵌入性影响。格拉诺维特认为经济学理论将人的活动认定为一种理性的、自利行为，个体经济行为建立在信息充分、理性决策的基础上，社会关系对其影响非常微弱；而社会学理论认为个体是完全社会化的，基于经济活动主体所在的社会网络就可以预测其经济行为，这两种对于经济行为的解释都是机械的，个体经济行为的理性嵌入于社会关系内。不仅如此，格拉诺维特还首次提出嵌入性分析框架：关系嵌入性和结构嵌入性，前者描述行动者之间相互关系的性质和质量，经济行动者嵌入所在的关系网络中，其行为受双方关系影响；后者体现在更为宏观的层面，指多个经济主体所组成的关系网络嵌入社会结构中，受到社会整体文化和价值观等因素影响。

产业集群中的企业、机构不仅仅在地理上接近，而且在战略、知识、文化等方面也有很大的邻近性，这种邻近使得组织间具有很强的联系，这种联系不仅是经济上的，还包括社会、文化、政治等各方面。嵌入性是产业集群长期积累的历史属性，是资源、文化、知识、制度、地理区位等要素的本地化，是支持集群生产体系地理集中的关键因素。产业集群的本地嵌入性一经形成，就有难以复制的特性。

二、产业集群嵌入性的种类

对集群嵌入性的分类非常复杂，学者们从不同视角进行了多种分类，常见的嵌入性类别有：关系嵌入性、结构嵌入性、认知嵌入性、组织嵌入性、社会嵌入性、制度嵌入性、地理嵌入性、环境嵌入性、网络嵌入性和双向嵌入性。

（1）关系嵌入性和结构嵌入性是嵌入性理论的经典内容。最早由格拉诺维特提出，后续研究也主要是基于这种嵌入性展开研究，因此在产业集群嵌入性研究中属于研究最多和最深入的。关系嵌入性的理论来源很大程度上是社会学研究中的社会资本，研究对象是产业集群中基于互惠预期而发生的双向关系，关系性嵌入主要用关系的内容、方向、延续性和强度等指标来测度，组织之间互动频率、亲密程度、关系持续时间以及相互服务的四个指标一般用来测度关系强度。关系嵌入性影响组织间的合作、资源的交换和组合、共享性知识开发等，主体之间的紧密程度、信任、合作规范、对未来价值的预期和通过资源交换、组合参与知识创造的动机，对组织合作创新绩效和合作持续性都有直接的影响。

结构嵌入性主要来源于经济学中的网络分析，描述网络参与者间相互联系的总体性结构，强调网络的整体功能和结构及企业作为网络节点在社会网络中的结构位置。结构嵌入性强调网络规模和密度、企业在网络中的位置对企业的行为和绩效带来的影响。网络规模和密度决定了网络资源的多样性和异质性。网络规模越大，企业能够从网络中获取的资源越多，在合作创新中整合的资源也就越多，从而有利于创新绩效的提升。网络中组织资源越多，企业从网络中获取的资源差异越大，企业为整合这些资源所需付出的努力就越大，从而企业能力提升就越大。因为如果一家企业长期接触同质资源就会陷入资源累积途径依赖，产生"锁定效应"。企业在网络中的结构位置也称为网络中心度，是衡量单个企业在网络中重要程度的变量，考察企业在网络中的重要程度及对资源优势获取和控制的程度。处于产业集群网络中枢的企业中心度高，而处于知识合作网络边缘位置的企业中心度低。处于中心位置的企业常常成为资源的集散点，可以接触到众多新的信息和资源，可也掌握广泛的信息来源渠道，因此更能够从网络中获得资源从而有利于自身成长。

(2) 认知嵌入性。集群中的认知是指有效的、有价值的和结构性的意识形态。认知根植于本地人们的经验之中，这些经验不仅包括具有深厚历史渊源性的地方文化（包括传统、民族风俗、行为习惯等）、信仰价值系统和道德世界观等显性要素，也包括不可言传、非规则化和非逻辑化的默会知识。前者孕育了人和企业的行为意识、经营观念特别是企业家精神，来源于地方文化中蕴涵的挑战阻力和风险的企业家精神是一种集体性的合作与创新关系，如享誉中外的"温州模式"造就了独特的经济文化景观，其地方嵌入性明显，本地网络发达，具有其他城市难以比拟的适宜新产业区发育和成长的条件。后者则来自于师徒制、示范学习和投靠权威的"干中学"模式的作用。集群内长期得以传承和积累下来的默会知识，如专家诊断、行家技艺、科学、艺术创造活动等,不但铸造了集群雄厚的专业知识基础,而且以工具或媒介(含理论、技术及实践)的形式融入研究者的创意之中,可以塑造出新的知识形态。高技能的知识劳动力群体是集群的创新基础,丰富的默会知识和浓厚的创新创业氛围大大降低创新活动的成本和风险,从而带来创新优势。另外,集群内一致性的认知可以导致人与企业组织的契合(person-organization fit)以及组织与集群的契合(organization-cluster fit),很容易达成共同的发展目标和使命感,形成协同优势。

(3)组织嵌入性。集群组织根植于产业整体的层面,而不偏向企业或个人,它是指本地集群的组织性质、形式和结构。集群的产业性质不同,将有不同的道路选择。如上海张江集成电路集群在形成之初定位于高科技产业,因此选择高端道路(high-road);浙江温州、嵊州等产业集群定位于低成本的手工业,因此走低端道路(low-road),高端道路比低端道路有显著的效率优势。

(4)社会嵌入性。集群丰富的社会资本(social capital)使集群的经济关系具有较强的"社会嵌入性"。社会资本是网络(networks)、规范(norms)、信念(beliefs)、规则(rules)及文化制度(cultural insti-tutions)的总称,它是一种经济资源,这种资源不是一个地区天然拥有的,而是经过历史的演进逐渐生成的。人与他人的连带关系为企业铺设了基本的互信关系,这样的互信关系是由一定范围的家庭、组织、社群、网络等关系所培养及共享的(温州、宁波等地的集群尤为明显),成员在此范围内,可以依赖社会资本这一共同的基础从事不同的互动行为或集体行动,社会资本愈多,共同行动的阻力就愈小,可带来降低交易成本的优势。

(5)制度嵌入性。集群的制度有正式制度和非正式制度之分。正式的制度由法律规定形成,非正式制度则由社会习俗、默认的交易"游戏"规则和集体行为惯例等构成。正式制度的优势在于它具有强制性，有时比非正式制度更有利于降低交易成本。非正式制度通常与正式制度是互补的，它的存在可以降低正式制度的运行成本，如一个道德健全的社会，法律制度的运行成本会较低。

（6）地理嵌入性。集群的主要特征是地理集中。一般而言，企业在选址时首先考虑的是资源供应是否便利，资源的稀缺性使企业向生产资料丰富的地区集聚。因此地理嵌入性首先表现在本地的资源禀赋上，包括土地、矿产和森林资源、旅游资源、劳动力资源以及与地理有联系的社会资本、人文资源、技术和信息条件等。另外，企业都比较容易在一个靠近市场、运输成本较为低廉的地方聚集，所以地理嵌入性还表现在地理区位上。经济活动中的生产地、原料地和市场地往往不会同在一处，企业要考虑三者距离最短、运费最低的区位，符合这些条件的集群无疑拥有明显的地理区位优势。集群所在区域的经济环境、政治环境、法律环境、社会环境、气候条件等，也都赋予其丰富的地理嵌入性。

（7）环境嵌入性。环境嵌入性是指产业集聚区内企业的经济行为嵌入于特定的地域产业环境，企业的行为选择受产业集聚区特定的商业传统、文化、惯例、政策、制度等的影响。环境嵌入性充分体现在集聚区企业的经济活动受区域性规则、实践、惯例、习惯、传统、风俗和产业传统等的影响，主要包括文化嵌入性和制度嵌入性。文化嵌入性是指产业集聚区文化对企业合作创新的影响。产业集聚区具有产业和地域的文化特色，是企业聚合在一起的重要因素，包括对区域和产业文化的认同和对价值观、信仰和知识的认同。不同的地区和不同产业背景的集聚区具有不同的商业惯例和商业文化，形成了活动主体约定俗成的行动指南。这种文化惯例有其独特运作模式有助于内部企业灵活地解决发生的问题，但对于集聚区外的主体而言，在短时间内并不能习惯使用这种惯例。除此之外，不同的产业集聚区具有的产业氛围也具有很大差异，产业氛围是产业长期发展的积累，区内企业能深刻感受并受制于这种氛围。很多历史悠久的产业集聚区尽管当前的生产经营方式发生了很大变化，但产业知识的历史积淀仍然指导着产业人员按照既定的惯例继续从事各种产业活动。因为在既定的产业氛围中，企业各种活动显得相对容易。

制度嵌入性是指产业集聚区的各项制度对企业合作创新的影响程度。公共政策和信息平台是一种资源，在不同区域间的差异很大，受资源禀赋、产业属性、产业结构差异的影响。但是，集聚区内企业的经营活动和行为受集聚区制度的引导或限制，区内企业通过识别集聚区制度规范自身行为，达到了政府政策在产业集聚或升级等方面的目的。

（8）网络嵌入性。网络嵌入性是指产业集聚区内的企业特征、企业与企业之间的联结强度、密切程度及该企业在集聚网络中的位置。网络嵌入性是学者们最为关注也是研究最为深入的一种嵌入性，主要包括关系嵌入和结构嵌入。关系嵌入性主要是指集聚区内企业和其他组织的关系对合作创新的影响，包括企业和外部组织的联系频度及与外部联系的紧密程度，其中外部联系频度反映了企业在外部关系建立中所投入的时间和精力的程度，广泛和多元的外部联系能够使企业迅速获得市场和技术知识，为企业的新产品开发、生产、营销等环节提供信息支持，同时促进企业与外部合作伙伴的知识分享；外部联系密切程度反映企业与外部组织关系的紧密程度。集聚区内企业长期处于同一区域，从事相同或相似或相连的产业活动，基于长久以来形成的地缘和业缘关系，往往会建立起密切的联系，这种紧密联系不仅仅存在于资源互补的组织之间，竞争性的企业间也进行显性或隐性知识的交流，这种紧密联系促使生产、新产品、市场等信息在集聚区内企业间快速流转，从而有效地优化企业资源配置的边界和效率。结构嵌入则表现为特定企业在集聚区内企业网络中的结构、位置、联系数量等因素对合作创新的影响。其中最为重要的是企业在企业网络中的位置，反映该企业在产业集聚区中的重要性和在相互联系中的掌控程度。Burt 用结构洞解释了网络结构、企业在网络中的位置对企业行为的影响。他认为占据结构洞的企业可能比其他企业获得的利润更大。企业在网络中拥有的结构洞数量越多，在整个信息传递的网络中占据的主动性和优势将越大。企业在网络中的位置体现了企业在信息网络传递中的"桥梁作用"，因为企业间关系不仅包括经常发生的"强联系"，还包括众多"弱联系"，这种弱联系相对当前经济活动的开展可能是冗余的，但企业拥有的冗余联系越多，所享有的信息量就会越大。因此企业在产业集聚区企业网络中位置越高，其拥有的网络结构洞越多，企业的机会就越多，能带来的收益便越高。

(9) 双向嵌入性。双向嵌入是指产业集聚区内每个企业的行为都根植于产业集聚区中。一方面，合作者在互动过程中共享知识，获取知识并创造新知识，同时自身的知识也和其他企业共享，从而扩大集聚区的知识容量；另一方面，知识在集聚区企业中的扩散、整合及扩散又丰富了区内企业的知识存量并提升了企业创新能力，从而增加了企业进一步创造知识和实现自我超越的可能性。双向嵌入性反映了集聚区内企业间创新合作的稳定性和紧密性，体现在企业间不断合作的关系中。双向嵌入性对企业合作创新的影响主要体现在合作者之间的信任度、相容度和互惠度上，合作者之间的信任是其合作关系发生的基础，是发展长期稳定合作关系的基本要素。在多主体合作活动中，信任意味信守承诺、诚实和对机会主义的谴责。相容性是合作者选择合作伙伴的一个主要因素，影响企业合作的方式和绩效。相容性包括价值观、战略、文化、运营、管理等方面的相容。产业集聚区内的企业由于地理邻近、文化和认知邻近，加上频繁的人员流动以及产业组织的分工配套，企业相容性较高。企业是营利性的组织，能够从合作事项中获利是合作者的基本要求。互惠承诺是合作者对合作事项收益和付出的感知，是构成合作的基础。互惠承诺减少了合作的不确定性，提升了合作关系的调整范围，因此是合作者交流和联合决策的基础。

除此之外，还有学者研究了文化嵌入性和政治嵌入性。文化嵌入性指集群内企业在进行合作创新时受组织价值观、信仰、宗教等价值观方面的制约。组织文化影响合作创新合作伙伴和创新合作项目。政治嵌入性是指行为主体所处的政治环境、政治体制、权力结构对主体的行为形成影响。学者们的研究发现政府在公共政策信息平台建设上的推动对产业集群内组织的合作创新活动具有引导或限制作用。政府及其他组织构成的"政治行政系统"赋予了本区域内产业集群的发展使命和功能定位，影响产业集群根据市场时机进行自我调整和业务转型。

三、集群嵌入性的形成机理

（一）交易的相互依赖性是嵌入性产生的基础

嵌入性产生的基础是在输入——输出的交易活动中相互依赖。专业化分工、共同劳动市场和集聚效应一定程度上都源于交易的相互依赖性，而企业在产业集群区中的分工和协作活动都受制于交易上的相互依赖性。通过集群发展可以把生产规模扩大，存在产业集聚外部经济，而这种外部经济往往是通过许多性质相似的小型企业集中在特定的地方而获得。外部经济性通过知识共享、中间投入品的规模经济和资源互补等提升企业能力。产业集群作为一种柔性专业化的组织系统，大量专业化的中小企业在一定地域范围内的集聚，劳动分工的细化和专业化程度提高是产业集群发展的动力。Scott 认为产业集群的形成是福特式生产方式消失、后福特式出现的结果，即弹性的、小批量的生产方式替代了刚性的、大批量的生产方式的结果。企业与企业间在竞争基础上的分工协作促进了一个区域内产业链条各个环节间的合作和创新,直至整个弹性生产综合体的创新和发展。一方面,在产业集群内聚集了多个承担某一专业功能的企业,在某个特定区域实现了规模生产。另一方面,产业集聚创造了较大的市场需求空间,该空间进一步促进集群企业的分工和专业化,从而不断提高集聚区的整体生产效率。这正是产业集聚相对于分散化企业及大规模企业的优势所在。产业集聚效应降低了交易成本从而提升了生产率和企业间交流的频率。企业在地域中集聚的重要原因之一就是因为能产生一定的外在经济效益和内在集聚效益。威廉姆森认为,在市场组织和层级组织之间存在一种"中间性组织",该组织一方面克服了层级组织因协调成本过高而产生规模不经济,另一方面也克服了市场组织因信息不对称产生的市场失灵。因为在产业集群内,企业具有共同或相似的社会文化背景,通过不断地相互交流以及长期合作,增强了相互间的了解并产生一定程度的信任,而这种信任反过来会限制机会主义者的生存空间而减少信息的不对称。企业之间这种长期稳定的"关系户"关系克服了市场失灵的产生。因此,嵌入性产生的经济基础是企业间交易活动的相互依赖性,而依赖性根源于产业集群中企业的专业化分工和协作以及由此形成的弹性专精生产模式。

(二) 产业集群文化是嵌入性产生的必要条件

产业集群文化是积累的知识存量的传递纽带。产业集群文化包括一个产业集群特有的规则、实践、惯例、习惯、传统、风俗和常规,与产业集群的资本、土地、劳动力供应以及区域产品和服务市场紧密相关,包括企业家精神、道德信仰、制度传统和决策实践、文化、宗教和其他基本价值观。地理和产业的特殊性文化集中体现了已有经济活动的结果,也是未来新知识创造的环境。产业文化通过对产业集群进行创造、转变、破坏和重建活动进行建设,但是在每个时间点,都对集群内企业的经济行为有直接影响，支持和帮助一些企业创造新知识，并且淘汰一些旧知识。同时，产业集群文化能激发或阻碍集群内企业的发展，从而对企业和集群整体发展具有强大影响。在产业集群内企业有很大的发展空间，企业可以自由选择合适自身发展的空间，这与企业积累的知识存量、企业精神和为了市场份额对当前利益的取舍、沿一些方向而不是其他方向搜寻等习性相关。Storper 等学者在 1994 年提出了"非交易相互依赖性"的概念，认为众多企业集聚在某一特定区域，会形成一个产业社区，区内成员企业间存在着较强的非交易性相互依赖关系，主要包括在市场和技术不确定性不断增加的情况下，企业间互相协助来制定战略计划的习惯、规则、实践和制度等行为，从而有利于共享有关新产品、市场、生产方式以及资源获取方式等方面的知识，而这种相互协作关系常常发生在传统的交易市场之外，而且这些知识多为缄默性并具有较强的本地嵌入性，它们促进了本地生产系统或产业社区的建立，其中企业是产业社区的主要组成部分，直接参与知识的创造和扩散过程。

产业集群文化与集群内资源和基础设施相结合，共同促进产业集群发展和提升集群内企业的竞争力。产业集群发展能够吸引特定类型的企业，众多拥有特定知识类型的企业集聚提升区域的吸引力。产业集群文化能够支持并推动企业间的信任，如有效的制度规则可用来强化协议的社会控制，有助于关系的产生和加深。因此产业文化是嵌入性产生的推动力，也是嵌入性产生的必要条件。

（三）互惠合作是嵌入性形成的动力

产业集群是众多组织构建的组织网络，企业嵌入集群组织网络和双向合作关系中。产业集群网络是一种由集群内不同个体之间的关系构成的动态的、相对稳定的系统。很多学者认为嵌入性的动力在于产业集群内企业追逐盈利的基本目的。集群内企业在不断地和其他组织进行互惠合作中形成基本信任,而组织的信任关系有助于企业获取社会资源,社会资源对企业持久发展具有重要意义。我国学者林南认为社会资本是嵌入社会网络中的资源,不为某个组织直接占有,而是为具有各种直接或间接社会关系的网络群体共享。决定组织拥有社会资本的数量和质量有三个因素:一是社会网络的异质性,二是网络成员的社会地位,三是个体和网络成员的关系强度。社会网络的异质性越大,网络成员的地位越高,个体与成员的关系越弱,则其拥有的社会资源就越丰富。产业集群内企业经济行为的选择与绩效高低在一定程度上与其社会资本的拥有量直接相关。社会资本的作用体现三个方面:第一,社会资本是一种规则,能帮助企业通过合作实现仅凭自身资源无法实现的目标。第二,社会资本是一种藏于社会结构中的资源。社会资本存在于社会结构之中,通过促使行动者交易与协作等特定活动而产生效益,这些资源表现为社会网络及其他某些特征,诸如信任与规范。第三,社会资本是一种能力。社会资本体现了在群体和组织中,人们为了共同目的在一起合作的能力,是"由社会或社会的一部分普遍信任所产生的一种力量"。所以"社会资本"是建立在"群体和组织"之上的一种"合作能力",来源于人们的"普遍信任"。社会资本对区域知识溢出和区域内集体学习知识创造具有重要作用,集体学习和知识创造要依赖于当地的已有资源的分工协调机制和社会资本。

四、嵌入性对产业集群发展的影响

对于产业集群的嵌入性理论研究主要集中于嵌入性对产业集群的影响。研究认为,嵌入性对产业集群发展既有积极影响,也有消极影响,但以积极影响为主。嵌入性对产业集群的积极影响表现在它能使产业集群形成独特的、其他产业组织形式难以模仿的竞争优势,通过使集群竞争优势长期持续而促进产业集群发展。至于集群嵌入性形成并保持产业集群独特竞争优势的原理，理论界则有不同的看法。Granovette（1985）、Camagni（1991）等学者指出，嵌入性对产业集群内企业间的内部协作具有正面作用，其原因在于集群嵌入性有助于简化交易程序、减少交易费用。Storper（1989）指出，现时的社会网络关系复杂而广泛，基于地域嵌入性的集群行为主体之间的非贸易依赖性对地方企业集群及其演变具有重要意义。其原因在于，通过集群企业基于嵌入性的相互信任、理解和依赖，形成非正式组织以增强集群创新能力，从而减少交易费用，促进企业间的分工协作。Harrison（1992）从创新网络的角度对集群嵌入性的影响进行分析后指出，企业形成创新网络的嵌入性对产业区发展极其重要，创新网络在外部连接过程中，只有根植于当地的社会文化环境才能更好地发挥作用，促进区域经济发展。Grabher（1993）等指出，产业集群及其企业之所以能发展和创新，是因为企业与其周围的其它经济主体结成网络，而且这种集群网络深深植根于特定区域的社会人文环境之中。Uzzi（1996）比较全面地分析了嵌入性对产业集群的影响机理。他认为集群嵌入性具有三个特征，即信任、丰富的信息交换和共同解决问题的制度安排，这三个特征决定了嵌入性对产业集群的重要作用：集群成员之间的信任对集群嵌入性关系具有治理机制的作用，它可以促进集群内市场定价和流转的资源、信息的交换，能够提高集群交易的效能及其对环境变化反应的灵敏度；集群企业及其相关机构根植于共同地域社会文化氛围，不仅使知识、技术等信息在集群内迅速扩散、传播，而且使信息可信、可解释并充满价值；根植于相同或相近地域文化传统的集群企业间共同解决问题的制度安排，可以在市场主体之间形成有效的快速反馈机制，使集群企业及其相关机构快速、协调地解决问题。集群过强的区域嵌入性可能给集群发展带来风险。这种风险主要表现在四个方面：技术性风险，是指集群嵌入性会促进集群内部专业化分工的深化,过度的专业化分工则可能造成企业技术的非连续性,进而引发产业集群整体的技术脆弱性;结构性风险,是指产业集群的经济行为根植于区域社会人文网络,在增进集群成员之间的相互信任、相互依赖和密切协作、促进分工协作深化的同时,过度依赖集群内部协作和本地市场可能导致"锁定"效应,从而弱化集群发展能力;组织性风险,是指集群嵌入性会形成集群组织结构的稳定,过度的嵌入性会使集群组织结构过于稳定,从而导致集群创造力僵化;网络性风险,是指集群嵌入性会形成集群自我创新、自我发展的动态分工协同机制,但集群经济行为过度根植于当地社会人文网络,则可能在强化集群协同合作机制的同时,导致集群的自我封闭,使集群竞争的压力减弱,创新的动力和能力降低。

第三节 合作创新

一、合作创新的含义

合作创新是指企业通过与其他企业、科研机构、高等学校等建立技术合作关系,在保持各自相对独立的利益及社会身份的同时,在一段时间内开展协作,从事技术或产品的研究开发,在共同确定的研究开发目标的基础上实现各自目标的技术创新活动。

合作创新起源于20世纪70年代中后期,之后在发达国家迅速发展,目前美国仅在信息技术、生物技术、新材料等有关高技术领域建立的合作创新组织就多达4500多个,合作创新已成为发达国家新的技术创新组织形式。我国企业技术创新资源不足,以合作创新来提升自主创新能力更具有重要的现实意义。合作创新一般集中在新兴技术和高新技术产业,以合作进行 R&D 为主要形式。合作创新通常以合作伙伴的共同利益为基础，以资源共享或优势互补为前提。有明确的合作目标、合作期限和合作规则。合作各方在技术创新的全过程或某些环节共同投入、共同参与、共享成果、共担风险。

合作创新既包括具有战略意图的长期合作，如战略技术联盟、网络组织，也包括针对特定项目的短期合作，如研究开发契约和许可证协议。近年来，合作创新已经成为国际上一种重要的技术创新方式，由于企业合作创新的动机不同，合作的组织模式也多种多样。狭义的合作创新是企业、大学、研究机构为了共同的研发目标而投入各自的优势资源所形成的合作。一般特指以合作研究开发为主的基于创新的技术合作，即技术创新。广义的合作创新是指企业、研究机构、大学之间的联合创新行为，包括新构思形成、新产品开发以及商业化等任何一个阶段的合作都可以视为企业合作创新。所以，企业合作创新概念是在上文中所指的广义上的合作创新概念。

二、合作创新的特征

企业合作创新为了完成一个创新项目或创新战略，由企业、政府、大学及各种科研机构等多个创新行为主体在创新的全过程或在某些创新环节中实施共同投入、共同参与、共享成果、共担风险的合作体系。企业合作创新是各合作技术创新的要素主体以各种形式的合作方式为手段，以提高企业创新能力为标志，以各参与方的效用函数取得一致效用函数的主要分量取得一致为目标的活动。企业合作创新既包括具有战略意图的长期合作，如战略技术联盟、网络组织，也包括针对特定项目的短期合作，如研究开发契约和许可证协议，企业最深层的合作创新是以合资、合并等形式进行，并最终可以融入一个工商部门登记的新企业组织中；企业稍浅层的合作创新是以企业间的网络组织等形式进行，其中各企业仍保持自身独立的存在，而只在一些方面或一些时候与其他企业保持合作关系，如合作研发组织、战略联盟、小企业互助组织、虚拟组织等；企业最浅层的合作创新是以沟通与交流等形式进行，相关企业可以在经营经验、策略、思路等方面相互学习、相互影响、相互启发。

企业合作创新是现代企业合作的核心内容，不同于传统意义上的企业合作。其一，企业合作创新多以 VT 和 IT 为沟通工具进行产权与非产权合作。其二，企业合作创新除了纵向与供应链上、下游厂商间的合作，也不乏横向与竞争对手或潜在竞争对手间的合作。其三，企业合作创新是通过合作完成价值链环节的能力（资源）劣势部分与低附加价值部分的活动，即价值链环节的能力（资源）优势部分与高附加价值部分的活动是"实"（自己做），价值链环节的能力（资源）劣势部分与低附加价值部分的活动是"虚"（他方做）。其四，企业合作创新不同于传统的一次性现货交易（Spot Market），它是功能主导型合作，并且更多地取决于中长期未来机会的开发。企业合作创新通过合作外部资源来和自身资源进行整合，具有明显虚拟功能的特点。其五，企业合作创新具有方向性，例如外包，从耐克对生产厂家的方向上看是合作创新经营，但从生产厂家对耐克的方向上看却是传统合作（是实体经营）。

三、合作创新的优势

（一）合作创新能节约企业在创新过程中研发成果的费用

企业要获取一项研发成果，可以有直接研发或通过技术交易购买两种途径。直接研发有独自研发和合作研发两种方式。在独自研发的情况下，企业的技术交易费用很低，甚至为零，但研发投入费用很高，同时要求有相当数量的研发人员；在通过市场购买获得研发成果的情况下，企业研发投入费用很低，但交易费用很高，特别是随着社会分工的细化，研发成果作为一种知识资产其专用性越来越强、适用范围越来越小，使得市场不能有效地沟通供求，要保证交易顺利进行就必须采取更为复杂的交易协调方式，也就意味着更高的交易费用。合作创新同时发生研发费用和交易费用，但能实现合作者对研发资源的整合和信息的有效沟通，保证获取研发成果的总体费用降低。正如美国学者 Kogut 指出的，合作创新组织形式的出现，从根本上讲是节约费用，实现创新资源有效配置的要求和结果。合作创新能节约企业的学习成本。随着产业知识化程度提高，企业应该成为学习型组织，但学习是要付出成本的，合作创新中伙伴合作关系的建立有利于降低学习成本。

合作创新是一种有效的学习方式：一是不仅为合作伙伴提供了理论交流的机会，而且有机会利用研发工作验证理论交流结果在实践中是否可行；二是为了保证研发目标的实现，合作各方会根据合作要求将自身具有的部分技术诀窍在合作组织内公开，实现技术共享；三是合作创新追求开发最新的技术和产品，因而不仅提供了学习对方已有知识和技术的机会，而且具有在实践中共同探索新技术的特点。通过在研究项目和产品的过程中学习，不仅提高了研究参与者个人的学识和智力，而且使群体智力得到开发，实现以较小的成本付出获得研发人员人力资本增加和企业研发能力增强。

（二）合作创新能实现创新资源的互补和共享

企业的自主创新活动通常要求同时使用资金、设备、人才、专利和专有技术等资源，随着技术进步加快和市场竞争程度加剧，企业自主创新投入迅速增加，很多企业拥有的创新资源不能满足投入的要求，而通过实施合作创新可实现企业自身与其他组织的技术创新资源互补和共享，必然能使新开发的技术成果超越企业依靠自身力量能够达到的水平，将企业的技术水平推向一个新的高度。如我国乡镇企业创新资源非常有限，但不少乡镇企业依靠与高等学校或科研机构建立合作创新关系，实现了技术上的跨越式进步，达到国内甚至国际领先水平。

（三）合作创新是企业获得技术能力的重要途径

企业的技术能力主要包括三个方面，即技术吸收能力、应用能力和创新能力。研究表明，企业的技术能力只能在研发中形成。我国企业因为研发资源不足，限制了企业开展研发活动，而通过建立合作创新组织，企业可以利用大学或科研机构的研发设备和人员，并通过研发活动实现对技术能力的获取、传递和整合，使企业能够得到能力发展和组织学习的机会，特别是合作创新组织成员间的互动学习是企业提高自身技术能力的重要途径。技术和管理知识经历技术共享、组织成员之间的互动、人员的互派、战略性整合，实现合作创新组织内部知识的传递与整合，为企业提供知识创新与传递的平台与机制。

（四）合作创新可以提高企业新技术进入市场的速度

知识的快速贬值、技术的迅速发展以及现代技术的高度复杂性和整合性使产品的生命周期不断缩短，产品不断向高级化、复杂化方向发展，单个企业的经营资源已不足以保证企业在飞速发展的时代继续生存和发展，要求企业能够跟踪外部技术的发展，并有能力充分利用和整合这些新技术为己所用。而技术创新具有高成本、高风险的特点，企业一般很难胜任独立开发的使命，只有开展合作创新，才能加快技术研究与产品的市场化进程。

除了上述优势之外，组织间合作创新也存在着一定的风险，因为合作创新要求成员之间分享具有敏感性的知识和信息，而通常合作成员之间是一种协作竞争关系，每个合作组织都会由于分享或独占研开发成果而引起争端和冲突，成员之间常处于重复的博弈过程中。冲突主要有：技术作为一种"无形商品"，对技术的质量和技术的扩散很难控制，因此合作过程中存在严重的机会主义行为，为了保持竞争优势，合作企业之间存在明显的机会主义倾向，影响合作目标的达成；合作创新中技术的供给方对技术过程、技术含量、技术价值等有更直接的了解，技术需求方对此了解甚少，信息的不对称给知识资产的评估带来很大困难；由于各方面利益冲突以及文化的差异，合作方如何协调相互关系，建立有效的团队工作和知识传播体系是合作创新"双赢"的关键。

四、合作创新的方式

合作创新具有多种多样的模式，各有其适用的条件，没有绝对意义上的最佳模式，在我国合作创新的模式主要有以下几种。

一是，合同创新模式。指以合同形式确定的合作创新模式。通常由企业委托大专院校或科研机构从事技术或产品研究开发，企业提供资金并规定创新目标，大专院校或科研机构提供技术专家、必要的技术设备并具体实施创新过程，实现创新目标。

合同创新模式一般要以大专院校或科研机构为主并成立临时性研发机构，以大专院校或科研机构技术人员为主，必要时也可以由大专院校或科研机构聘请其他单位的技术专家参加。临时性研发机构的研发能力是影响合同创新成败的关键，企业通常派专人参加研发机构，主要负责与大专院校或科研机构的联系和协调，代表企业监督合同的执行。创新的整个过程完全由大专院校或科研机构负责，企业一般不参与，也不分享创新过程的信息和经验，但在必要时也可以要求大专院校或科研机构提供项目进展情况。合同创新的意义在于能够利用创新的外部分工弥补企业内部技术资源不足或者技术资源的结构性缺陷。这一模式使企业不必参与创新的过程而能够得到创新成果，利用资金优势加快新产品、新技术、新工艺的开发，加速企业的技术创新；缺点是企业不能够分享创新过程的信息，不利于培养自己的研发人员。这种模式比较适合于非核心技术或通用技术的开发，以及非关键产品的开发。

二是，项目合伙创新模式。指企业为了完成某一特定技术项目的研究开发，通过合伙投入形成合作组织，共同从事研究开发活动，共享研发成果的一种合作创新模式。合伙创新模式具有很多优势：一是能实现创新资源的优势互补，如若干企业和大专院校、科研机构之间的合伙能够根据合伙各方的优势进行合理分工，这种需求和资源结构的互补性能够产生比单一资源单独使用更大的效率，在项目进展的不同阶段资源的配置也更加合理；二是对资源的集中使用能够有效扩大资源的投入规模，减少由于单个单位由于资源不足或资源结构不合理而引起的创新时滞，因而能够比在不合伙的状态下缩短创新时间；三是由于有多个优势不同的单位共同参与创新过程，能够有效分担创新风险。这种模式适用于那些单个单位无力完成的技术项目的创新，便于开展一些尖端的创新活动。但这一模式也有先天缺陷，主要是在合伙单位的选择、合作体的管理和创新成果的分享等方面由合伙各方通过协商进行，交易成本较高，而且往往会产生无法通过协商解决的矛盾和利益纠纷。

三是，基地合作创新模式。指企业与高等院校或科研院所共同建立技术创新基地的一种合作创新模式，一般由企业提供资金和场地，大学或研究机构提供研发条件（设备）和研发人员。这一模式除了提供中间成果和最终成果外，还具有极强的培训功能，可以为企业培训技术人员。其特点有：研发人员以大学或研究机构为主，企业有时也选派少量的研发人员，但不起主要作用；管理也以大学或研究机构为主，企业只起辅助作用；一般为开放式的，允许其他需要同类技术的企业进入，也允许其他大专院校或科研机构进入，但要商定进入条件；合作创新成果的所有权分为两种情况，一种是由基地所在单位所有，另一种是所有参与机构共同所有，两种情况下企业要合法取得创新成果都要付费，但付费的对象和方式不同；创新风险主要由参与基地建设的企业承担，大学或研究机构也要负担一定风险，但主要是技术风险而不是财务风险。

采取基地合作创新模式有利于企业在技术创新水平上接近大学或研究机构正在进行探索的技术前沿，掌握最新发展动态，捕捉最新技术信息。基地合作创新也存在一定的问题，主要是企业一般不参与具体创新过程，因而不能分享创新过程的直接经验；同时，基地向企业的技术转让受多方面因素的影响，如基地的技术能力和企业对新技术的吸收能力等；此外，基地合作往往不以项目为主导，企业参与合作的效益一般也难以准确估价，尤其是短期效益更难估价。

第四节 组织学习

一、组织学习的含义

"学习"一词最早出现在组织理论是赛蒙（H. Simon）在1953年探讨美国经济合作管理局成立时提出的。他认为政府组织重组的过程即一种学习的过程。希尔特（R. Cyert）和马区（J. March）随后在组织理论中提出组织学习的概念。甘吉洛西（E. Cangelosi）、迪尔（W. Dill）在1965年首次系统地研究了组织学习系统，阿吉利斯（C. Argyris）、熊恩（D. Schon）在1978年全面阐述了组织学习的意义。他们认为组织学习是为了促进组织长期效能和生存发展，而在回应环境变化的实践过程之中，对其根本信念、态度行为、结构安排所

第二章 创新型产业集群合作创新的理论基础

做的各种调整活动,这些调整活动借由正式和非正式的人际互动来实现。

组织学习是指组织为了实现发展目标、提高核心竞争力而围绕信息和知识技能所采取的各种行动,是组织不断努力改变或重新设计自身以适应持续变化的环境的过程。建立在组织学习机制基础上的管理创新机制是公司形成管理优势的源泉。在组织学习中,每个成员对学习过程和结果都产生着重大的影响,但组织学习绝不是每个员工学习的简单加总。成员和组织之间的交互行为、组织与外部环境相互作用、组织文化的构建是组织学习的重要特征。

组织学习包括个体学习、团队学习、组织学习和组织间学习四个层次。组织是由个体构成的,也只有人才能学习,因此个体学习是组织学习重要的前提和基础。但组织不是个体的简单加总,组织学习也不是个体学习的简单累加。组织能够形成并保持特定的行为模式、思维准则、文化以及价值观等。组织学习主要是具有共同思维模式的个体行为的结果,不仅受个体学习过程影响,而且主动影响个体学习。个体学习与组织学习之间存在相互影响、相互制约的互动作用。

而团队学习是彼得·圣吉倡导的五项修炼中的一项。圣吉认为:团队的集体智慧高于个人智慧,团体拥有整体搭配的行动能力。当团体真正在学习的时候,不仅团体整体产生出色的成果,个别成员成长的速度也比其他的学习方式更快。在学习型组织中,学习的基本单位是团体而不是个人,只有团体进行了学习,组织才能学习。团队学习的修炼是从"深度会谈"开始,包括学习找出有碍学习的互动模式,即找出并打破组织、团队、成员间的自我防卫。

组织间的学习是组织学习非常重要的学习层次。向竞争对手学习,与同行同业者交流,都是组织间学习的重要方式。马奎特曾提出构建学习型组织5要素,其中的人员要素就谈到了组织间学习:把整个业务链上的利益相关者(领导、员工、顾客、合作伙伴、供应商以及社区等），都视为学习型组织不可忽视的重要角色。客户通过识别需求、接受培训等方式，与学习型组织之间建立联系，构成组织学习系统的一部分。业务伙伴和联盟、供应商和经销商、社区团体等都可以通过与企业分享知识、参与企业的学习项目而获益并有所贡献。

二、组织学习的方式

组织学习的方式主要有单环学习和双环学习两种。单环学习发生在发现错误和纠正错误的过程中，能够对日常程序加以改良，但是没有改变组织活动的基本性质。单环学习适合于惯例、重复性的问题，有助于完成日常工作，是一种企业日常技术、生产和经营活动中的基本学习类型。双环学习是指工作中遇到问题时，不仅仅是寻求直接解决问题的办法，而且要检查工作系统、工作制度、规范本身是否合理，分析导致错误或成功的原因。双环学习更多地与复杂、非程序性的问题相关，并确保组织会有更大的变化。双环学习是一种较高水平的学习，能扩展组织的能力，注重系统性解决问题，适合于组织的变革和创新，不仅包括在已有组织规范下的探索，而且还包括对组织规范本身的探索。双环学习经常发生在组织的根本性创新时期。

所有的组织都需要单环学习和双环学习。只不过组织采用不同的创新模式，会选择不同的学习类型。组织在根本性创新的过程中，往往伴随着双环学习，这实际上是一个"学习如何学习"的过程，通过反思组织视野、组织学习方法以及学习中的不足，使得组织迅速把握技术机会和市场机会，从而能够不断地以新的产品和服务来为自己赢得生存空间。在渐进性创新过程中，单环学习是组织学习的一种主导模式——在不改变系统的根本价值观的情况下，监测和纠正错误。

在组织创新过程的不同阶段，经常伴随有不同形式的组织学习。在组织创新思想形成阶段，有以获取新的组织知识为主导的学习形式；在组织诊断与模式选择阶段，则主要表现为在观念震荡中学习；在创新设计与时机选择阶段，又主要是在组织冲突中学习；而在实施阶段和创新评价阶段，学习的主导形式是在组织的重新社会化中学习。不同形式的学习有不同的特点，并在组织创新过程中起着不同的作用。

除此之外，从组织学习的方式看，组织学习还包括适应型、预见型和行动型学习等。适应型学习是指团队或组织从经验与反思中学习。当组织为实现某个特定目标而采取行动时，适应型学习的过程是从行动到结果，然后对结果进行评价，最后是反思与调整。预见型学习是指组织从预测未来各种可能发生的情境中学习。这种方式侧重于识别未来发展的最佳机遇，并找到实现最佳结果的途径。预见型学习是从先见之明，到反省，然后落实到行动。行动型学习是从现实存在的问题入手，侧重于获取知识，并实际执行解决方案。它是一个通过评估和解决现实工作中存在的实际问题，更好、更快地学习的过程，即学习的过程就是解决工作难题的过程。学习型组织中的学习，重视学习成果的持续转化，学习的效果要体现在行为的改变上，因此，行动型学习就成为学习型组织创建过程中非常重要的学习类型和学习方法。

三、组织学习的环节

无论是哪种学习方式，组织学习都要从信息和知识的搜集、吸收开始，经过传播、扩散到整合、共享，再通过应用、创新到储存、共用这样一个无限循环的过程。这个过程主要包括以下几个环节。

学习准备。这个过程包括尊重和激发员工、团队的学习愿望，强化学习的动机；识别学习需求、确定学习内容；将学习和变革与发展目标、工作过程有机结合；鼓励员工、团队开展自主性学习等。

信息交流。这个过程可以使员工获得丰富的信息，改善其知识、技能和行为。它需要营造开放的、协同共享、相互尊重的学习环境；提供信息交流的渠道和方法；开展调查研究，进行深度访谈。

知识的习得、整合、转换与增值。这个过程是将从各个方面获得的知识进行筛选、整合，应用到工作中。开拓思路、更新观念、创新知识。将学习的成果转换为工作的成果，进而实现创新。很多学者对知识转换和增值进行了研究。日本学者竹内宏高和野中郁次郎认为，组织可以通过暗默知识与形式知识（也有文献称为隐性知识与显性知识）之间的转换来创造和利用知识。知识转换有四种模式：共同化（socialization），从暗默知识到暗默知识；表出化（externalization），从暗默知识到形式知识；联结化（combination），从形式知识到形式知识；内在化（internalization），从形式知识到暗默知识。这是知识创造过程的核心所在，它描述暗默知识和形式知识如何在"质"与"量"、个人与组织直至在组织间进行扩展。知识创造始于共同化。从共同化开启知识转换的四种模式，形成一个螺旋。学习型组织就是要在组织的层面创造良好的环境和条件，促进知识创造的螺旋更快、更好地上升。

评价与认可。评价学习者的学习活动对工作绩效的改善情况，奖励和认可。

四、组织学习在企业发展中的重要性

学习是企业发展的一项基本能力。如果把公司视为一系列知识、资源的结合体，不断地获取知识、资源，更新知识，使用知识，创造知识的能力就是组织的一项基本能力，也是企业生存和发展的必要基础。基于知识或资源的企业观已经广为人们所接受。组织不仅是处理信息的机器，还是创造出新知识的系统。很多企业成功的秘诀就是由于它们有能力管理、运用知识，并且能顺利地将组织惯例中蕴含的知识从一家公司转移到另一家公司。同时为了顺应形势变化，企业必须不断对自身进行调整。不仅要对产品、过程或结构等外在的要素进行调整，而且要对影响组织运行的各种内在因素，包括企业的价值观、思维模式、基本假设乃至根本目标进行改革。

　　组织学习为企业振兴提供了良机。长期以来，人们对企业管理界的印象就如同一个时装展示会，新的理论、方法层出不穷，从竞争优势、战略重组、到再造工程、标杆战略……令人眼花缭乱，无所适从。但很多理论都变成"过眼云烟"。其原因就在于世上本没有万能药，对于企业管理这一庞杂的系统工作来说更是如此。总结正反两方面的经验，人们认识到，在动荡的市场竞争中，唯一的制胜之道就是"先为不可胜，以待敌之可胜"（《孙子·形篇》）。只有不断增强自身实力，才能在激烈的市场竞争中立于不败之地。组织学习为企业"全面增强体质"提供了一剂良药，是全面提升企业竞争力较好的解决之道。

　　组织学习是组织生存与发展的前提和基础。像人一样，企业的成长过程也是一个持续的学习过程。可以说企业的每一项进步都是通过学习实现的。开发一种新产品，引进一项新技术、新方法，或者改造企业的组织机构、推行新的管理制度，都需要企业更新原有知识、吸收或创造出新知识，这都是学习过程。圣吉认为，真正有生命力的企业是那些善于学习的企业。

创新型产业集群嵌入性
对组织间合作创新的
影响研究
Chapter 3

第三章 我国创新型产业集群发展现状

第一节 我国创新型产业集群的认定

2011年7月，科技部根据新时期火炬工作的特点和发展战略，启动了国家高新区"一个行动、两项工程"，提出通过实施创新型产业集群试点建设工程，推动战略性新兴产业的培育发展和传统产业的转型升级。2012年4月，国务院把开展创新型产业集群试点建设工作纳入到《关于进一步支持小型微型企业健康发展的意见》。科技部根据任务分工和多个省区市开展创新型产业集群试点（培育）工作的实践，结合对主要发达国家创新集群的研究，于2013年2月制定发布了《创新型产业集群试点认定管理办法》及评价指标体系。该办法规定创新型产业集群必须同时符合以下四个条件：一是，集群的建设与发展规划，应具有科学性、前瞻性和可实施性。规划的主导产业市场前景广阔，主导产业在细分领域处于国内领先地位。二是，集群所在地政府（原则上为地级市政府）制定了促进集群产业发展的政策措施，建立了政府引导下的集群产业链协同机制，设立了试点工作管理机构。三是，集群产业链企业、研发和服务机构相对集聚，建立了产业或技术联盟；骨干企业应为高新技术企业或创新型（试点）企业，具有核心知识产权的品牌产品，参与了国际、国家或行业标准的制定；科技型中小微企业与骨干企业形成了生产配套或协作关系。四是，拥有与集群产业链相关联的研发设计、创业孵化、技术交易、投融资和知识产权等服务机构，以及科研院所和教育培训等机构，其功能、能力符合集群产业的战略发展需求。创新型产业集群的评价体系包括创新环境、主导产业和服务体系三个一级指标、政府引导、政策措施、协同机制、文化氛围等12个二级指标、纳入省级政府工作计划、试点工作推进机制、集群创新发展的政策体系等24个三级指

第三章 我国创新型产业集群发展现状

标,并根据每个指标的重要性程度设定了权重。

表 3-1 创新型产业集群的评价指标体系

一级指标	权重	二级指标	权重	三级指标	权重
创新环境	20	政府引导	40	1. 纳入省级政府工作规划或计划	50
				2. 试点工作推进机制	50
		政策措施	30	3. 集群创新发展的政策体系	50
				4. 集群政策的实施绩效	50
		协同机制	20	5. 集群产业链的协同机制	70
				6. 集群外部资源的协同机制	30
		文化氛围	10	7. 交通、会展、文化、生活等设施	60
				8. 创新创业文化	40
主导产业	50	经济总量	50	9. 集群收入总计	50
				10. 集群上缴税额	50
		产业规模	15	11. 企业总数	50
				12. 从业人员总数	50
		主导产品	15	13. 主导产品的国内市场占有率	60
				14. 省级以上知名产品的数量	40
		研发能力	10	15. 企业平均 R&D 投入占销售收入比	70
				16. 高新技术企业占企业总数比	30
		知识产权	10	17. 授权发明专利数	50
				18. 主持或参与制定的国际、国家、行业标准数	50
服务体系	30	企业培育	50	19. 国家级孵化器总数	30
				20. 孵化器在孵企业总数	70
		技术服务	30	21. 研发和技术服务机构数	60
				22. 合作的国内外大学、科研院所总数	40
		金融服务	20	23. 各类投融资机构总数	30
				24. 当年获得创业投资的企业数	70

第二节 我国创新型产业集群的发展历程

2001年,科技部从74家申报单位中遴选出首批41家创新型产业集群试点(培育)单位。首批41家创新型产业集群试点(培育)单位绝大部分都是所在城市、高新区的支柱产业和发展重点,但总体发展水平和建设规划与创新型产业集群设定的目标还存在一定差距。为此,科技部设定了遴选试点与培育示范两个步骤来推进创新型产业集群建设,力争在3年内达到创新型产业集群的认定标准,实现示范效应。为此科技部侧重从培育和提升两个方面分类指导,推动创新型产业集群建设工程试点3~5年内达到千亿元的产业经济规模,并引导和催生出若干个百亿元产业集群。

2003年7月,科技部根据《创新型产业集群试点认定管理办法》,最终遴选出10家产业集群为第一批创新型产业集群试点。第一批试点以具有高新技术特征的产业园区为对象或试点范围,并非只局限于国家高新区,符合条件的国家经济开发区和其他工业园区、农业产业园区也可以进入试点范围,旨在引导和促进科技工作与经济建设的结合,强化创新驱动对经济社会发展的整体贡献作用。试点入选单位在集群建设与发展规划,所在地政府促进集群产业发展措施,集群产业链企业、研发和服务机构,与集群产业链相关联的服务机构等方面都符合一定要求,首批10家试点单位都是各具特色、具有示范作用的创新型产业集群。以中关村移动互联网创新型产业集群为例,移动互联网和新一代移动通信产业已经成为信息产业中发展最快、创新创业最活跃的领域之一。中关村具备移动互联网和第四代移动通信的先发优势,在产业链关键环节聚集了国内80%的龙头企业,形成云到端的完整产业链。2011年,中关村移动互联网和新一代移动通信产业收入达到3000亿元。未来3年，中关村将打造全球技术和商业模式创新最活跃的移动互联网和新一代移动通信产业集群。到2015年，力争实现收入5000亿元。经过多年的培育和发展，新能源与智能电网产业在保定高新区茁壮成长。目前，保定高新区已汇聚200多家新能源企业，形成了风电产业园、光伏产业园、储电产业园、节电产业园以及电力自动化产业园等产业聚集区。今年总投资183亿元的巨力集团光伏与索具产业链和总投资16亿元的中航惠阳工业园将为保定高新区经济可持续发展增添强大的动力。未来，保定高新区将发挥园区在新能源与智能电网产业领域的领先优势，力争成为全国产业规模最大、产业集聚程度最高、产业链条最完备的新能源与智能电网产业集聚地和领军园区。本溪制药创新型产业集群、无锡高新区智能传感系统创新型产业集群、温州激光与光电创新型产业集群、潍坊半导体发光创新型产业集群、武汉东湖高新区国家地球空间信息及应用服务创新型产业集群等其他几家创新型产业集群试点也各具特色，均是国内该特色产业集群领域的领先者。

2014年根据《创新型产业集群试点认定管理办法》（国科发火2013〔230〕号），经审核，认定石家庄药用辅料等22个产业集群为第二批创新型产业集群试点。此次入选第二批创新型产业集群试点名单的22家产业集群，产业集聚和带动效应明显，已经成为其所在城市及高新区的支柱产业和发展重点，是国内相关产业的重要生产基地和创新策源地。其中，昆山小核酸产业集群目前已集聚相关企业30多家，研发品种40多个，集聚了几乎国内该领域全部顶尖人才，共获得国家重大科技项目10个，建立了我国发展小核酸药物的知识技术创新链，打造了国内小核酸生物制药产业链，形成了服务全国小核酸产业的系统能力，使"做核酸、到昆山"成为业内共识。江阴高新区特钢新材料产业集群已有产业链企业及服务机构132家，其中高新技术企业42家，上市公司3家，年销售额超百亿元企业3家。目前，江阴高新区已成为国内最大的特种钢"替代进口"生产基地和出口基地，并先后被认定为国家863计划新材料成果转化及产业化基地和国家火炬计划江阴高性能合金材料及制品产业基地。

第三节 我国创新型产业集群基本状况

为了全面深入了解我国创新型产业集群的基本状况，笔者采用问卷调查、实地考察和企业访谈三种方法对北京市、上海市、广东省、河南省、山东省等五省市的20家入选第一和第二批创新型产业集群试点的产业集群进行了调研，根据调研数据对产业集群内企业基本情况、集聚区环境进行分析的结果如下。

一、产业集群内的企业

(一) 企业成立年限

图3-1是调研样本企业成立年限分布图，从图中可知：成立年限在5年以下的企业占57%，成立年限在5~10年占20%，成立年限10年以上的企业占23%。说明样本企业大部分成立年限较短，处于企业初创期。

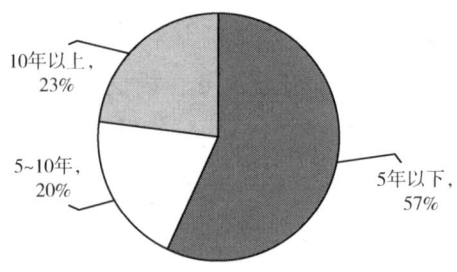

图3-1 企业成立年限

第三章 我国创新型产业集群发展现状

(二) 企业所属行业

图 3-2 是企业所属行业分布图。从图中可以看出,样本企业中属于工业的占 68%,仓储业占 4%,农、林、牧、渔业占 2%,建筑业占 2%,交通运输业占 2%,软件和信息技术服务业占 2%,房地产业占 2%,租赁和商务服务业占 2%,信息传输业占 1%。可见,产业集群中的企业主要以工业企业为主。

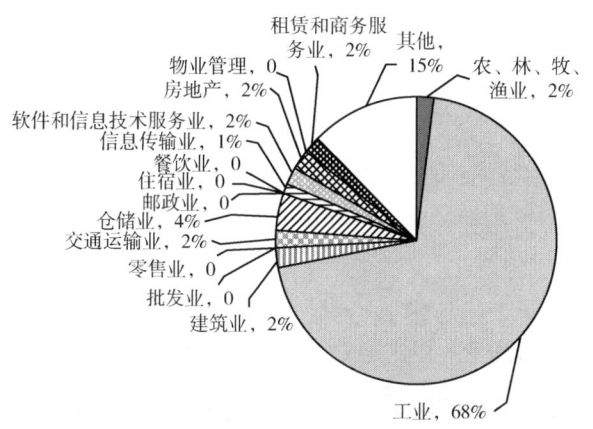

图 3-2 企业所属行业

(三) 所有制类型

图 3-3 显示了样本公司的所有制类型,从图中可以看出,大部分都是私营企业,占样本总数的 71%,其次是国内股份制企业、外资(合资)企业和国有企业,分别占样本总数的 11%、7%、7%,最后是集体企业和其他类型,分别占样本企业总数的 3% 和 1%。说明现在的公司还是私营企业占主流。

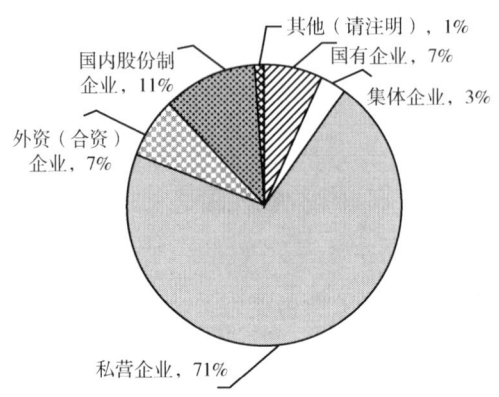

图 3-3 企业所有制类型

(四) 高新技术企业认定情况

图 3-4 是高新技术企业认定情况图,从图中可以看出,未被认定为高新技术企业占样本总数的 62%;被认定为国家级高新技术企业的样本公司仅占 6%,认定为省级高新技术企业的样本公司占总样本的 18%,认定为市级高新技术企业的公司占样本总数的 14%。说明产业集群中高新技术企业占据三分之一。

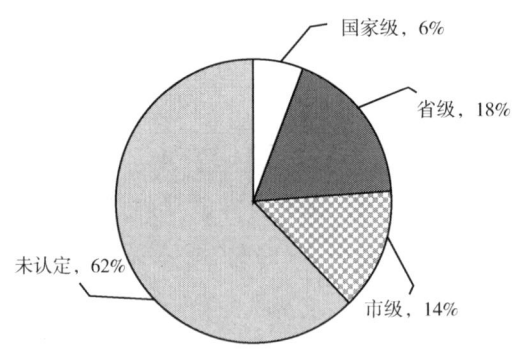

图 3-4 高新技术企业认定情况

（五）主要的品牌生产类型

图 3-5 是企业主要的品牌生产类型分布图，从图中可以看出，拥有自主品牌的企业占样本总数的 67%，贴牌生产的企业占样本总数的 12%，两者兼有的占企业样本总数的 21%。说明拥有自主品牌的企业或者两者兼有的还是占大多数。

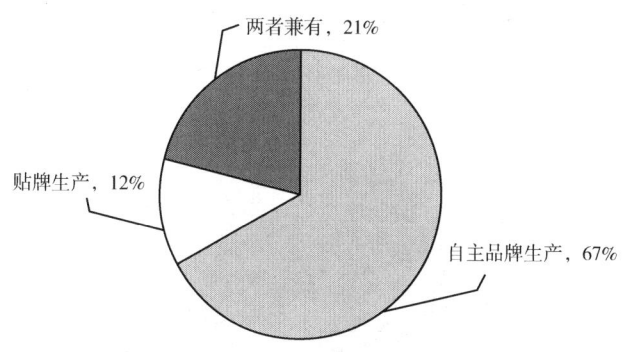

图 3-5　品牌生产类型

（六）主要产品销售区域

图 3-6 是企业主要产品销售区域的分布图。从图中可以看出，产品销往国内的占样本总数的 64%，销往本地的和销往国外的分别

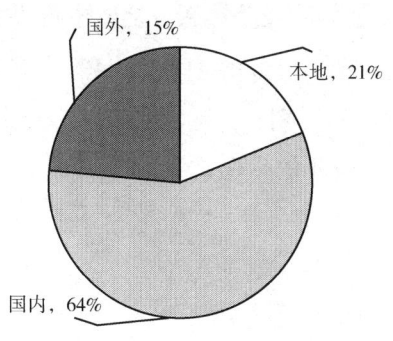

图 3-6　主要销售地区

占企业样本总数的21%、15%。说明企业的市场主要还是国内市场，国外市场和本地市场还有待开发。

（七）生产要素产业分布

图3-7是企业的生产要素产业分布图。从图中可以看出，技术密集型和劳动密集型企业分别占样本企业总数的48%和44%；资本密集型企业占样本总数的8%。说明企业主流生产要素是技术密集型和劳动密集型。

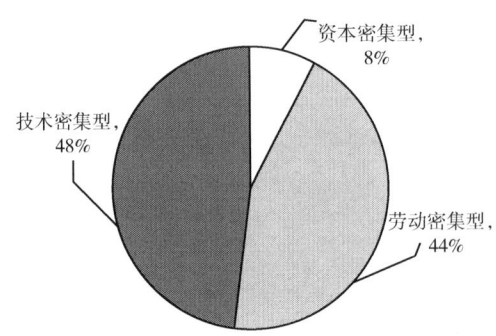

图3-7　生产要素产业分布

（八）发展阶段

图3-8是企业发展阶段分布图，从图中可以看出，成长期企业和初创期企业分别占样本总数的41%和34%，成熟期企业站企业样本总数的19%，处于衰退期和二次创业阶段的企业占样本总数的3%和3%。说明大部分企业的生命周期处于开始阶段，有一定的发展空间。

第三章 我国创新型产业集群发展现状

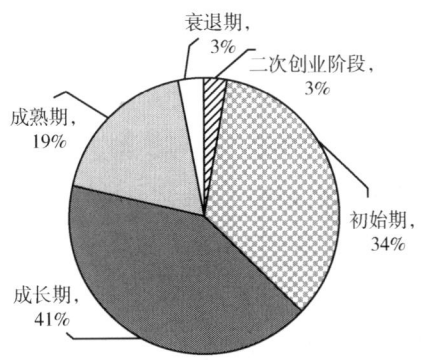

图3-8 企业发展阶段

(九) 市场竞争状况

图3-9是企业所属行业的市场竞争状况分布图,从图中可以看出,处于完全竞争市场的企业占样本总数的66%,处于垄断竞争和寡头垄断市场的企业分别占企业样本总数的17%和17%。说明大部分样本公司所处行业的竞争非常激烈,公司对价格的控制权很低,无法获得较高的垄断利润。

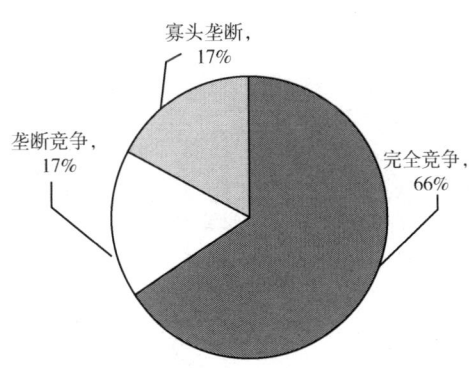

图3-9 市场竞争状况

(十) 产能利用情况

图 3-10 和 3-11 分析了样本企业产能利用情况及产能过剩的主要原因。从图 3-10 中可以看出，存在即期产能过剩的企业占样本总数的 21%，存在预期产能过剩的企业占企业样本总数的 16%。不存在产能过剩的企业占样本总数的 63%，说明三分之一的企业存在产能过剩。

图 3-11 列示了企业产能过程的主要原因，从图中可以看出，主要原因是国内外市场需求变化，占样本总数的 55%，产品同质化程

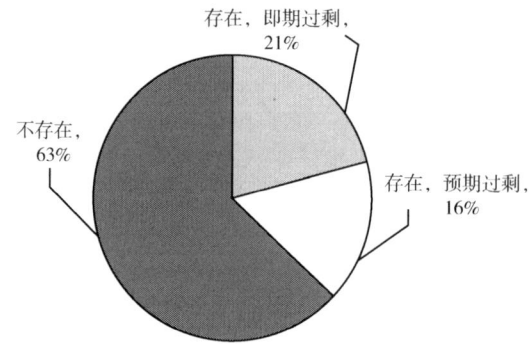

图 3-10 产能利用情况

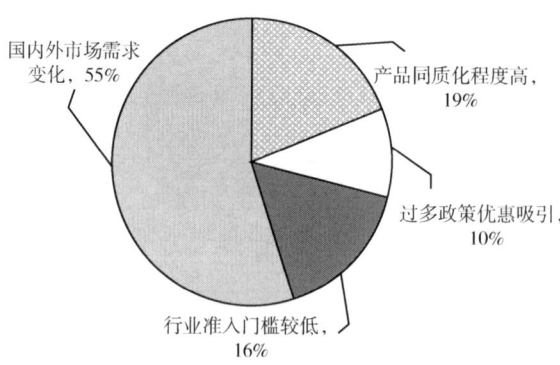

图 3-11 产能过剩的原因

度高、行业准入门槛较低和过多政策优惠吸引分别占样本总数的19%、16%、10%。说明市场需求变化对企业的产能是否过剩有比较大的影响。

二、产业集群的环境

(一) 政策环境

1. 总体环境

图 3-12 描述了样本企业对所在产业集群政策环境的评价结果。从图中可以看出,大多数企业对所在集群的政策环境认为很好,占样本总数的 65%,一些企业认为集聚区政策环境较好,占样本总数的 25%,较少的企业认为所在集聚区政策环境一般,占样本总数的 10%,没有一家企业认为政策环境较差和很差,说明样本企业对集群总体政策环境还是认可的。

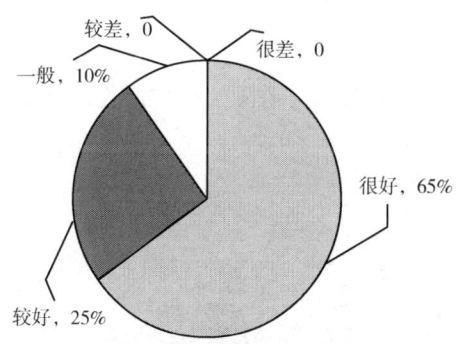

图 3-12 对集群所在区的政策环境进行的总体评价

2. 发展规划、政策法规的制定

图 3-13 描述了样本企业对产业集群发展规划及政策法规的评价结果。从图中可以看出,大多数企业认为所在产业集群的发展规划、政策法规制定很好,占样本总数的 60%,一些企业认为产业集群发

展规划、政策法规制定较好,占样本总数的29%,较少的企业认为所在产业集群发展规划、政策法规制定一般和较差,分别占样本总数的10%,1%,没有企业认为所在产业集群发展规划、政策法规制定很差。说明总的来说,样本企业认为所在集聚区发展规划、政策法规制定不错。

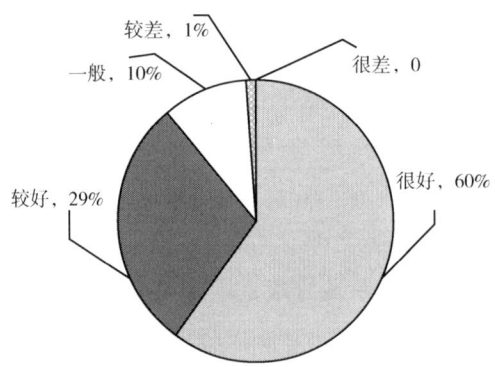

图3-13 产业集群的发展规划、政策法规评价

3. 政策落实程度和执行效率

产业集聚区现有政策的落实程度和执行效率如何?图3-14显示了样本企业对所在产业集群政策的落实情况和执行效率进行评价的结果。从图中可以看出,大多数企业认为政策落实程度和执行效率很好

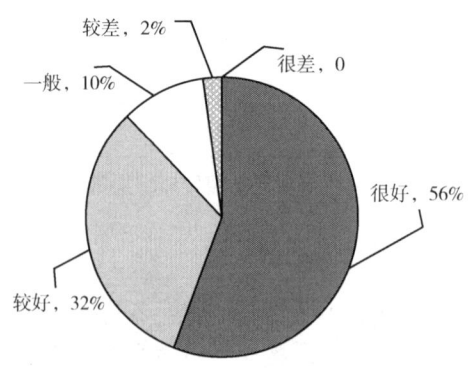

图3-14 产业集群政策落实程度和执行效率

或较好,分别占样本总数的 56%、32%,一些企业认为政策落实程度和执行效率一般,占样本总数的 10%,2% 的企业认为政策落实程度和执行效率较差,说明总的来看,样本企业对产业集群政策落实程度和执行效率持肯定态度。

4. 政务公开程度

图 3-15 显示了样本企业对政务公开程度的评价结果。从图中可以看出,55% 和 32% 的企业认为产业集群所在区域的政府政务公开程度很好或较好,13% 的企业认为政府政务公开程度一般。说明样本企业认为政府政务公开程度比较高。

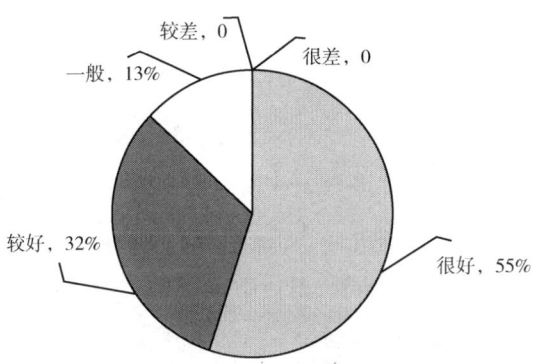

图 3-15 政府政务公开程度

(二) 基础设施环境

图 3-16 列示了样本企业对所在产业集群的基础设施评价结果。从图中可以看出,大多数企业认为所在产业集群的基础设施环境很好或较好,分别占样本总数的 50% 和 30%,一些企业认为产业集群所在地的基础设施环境一般,占样本总数的 18%,较少的企业认为集群所在区域的基础设施环境较差或很差,分别占样本总数的 1%,总的来看,样本企业产业集群所在区域的基础设施环境不错。

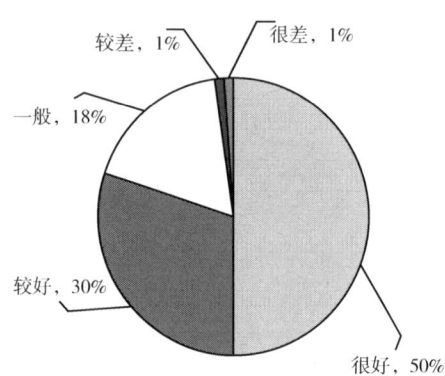

图 3-16 产业集群的基础设施环境

(三) 金融支持与配套服务

图 3-17 描述了样本企业对所在集群的金融支持与配套服务的评价。从图中可以看出,大多数企业认为所在集群的金融支持与配套服务很好或较好,分别占样本总数的 46%、31%,一些企业认为集群的金融支持与配套服务一般,占样本总数的 20%,较少的企业认为所在集群的金融支持与配套服务较差占样本总数的 3%,说明总的来看,样本企业认为金融支持与配套服务不错。

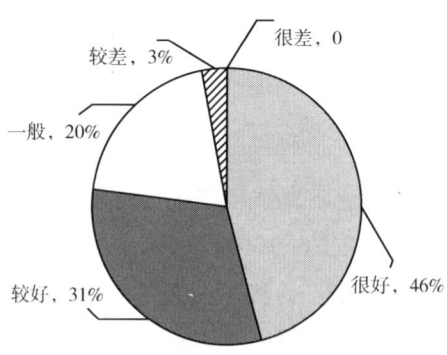

图 3-17 产业集群的金融支持与配套服务

第三章 我国创新型产业集群发展现状

(四) 社会公共服务

图 3-18 显示样本企业对产业集群的公共服务情况的评价结果。从图中可以看出,59%的样本企业认为所在集群的社会公共服务很好,27%的样本企业认为较好,12%的样本企业认为一般,仅有2%的样本企业认为所在集群社会公共服务较差。说明总的来看,样本企业对所在集群的社会公共服务的评价是不错。

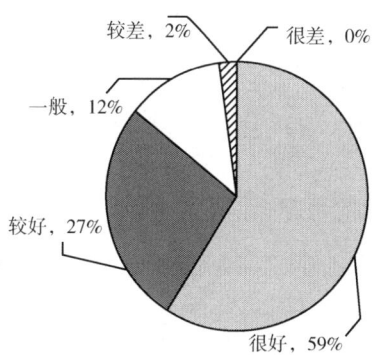

图 3-18 产业集群的社会公共服务

(五) 政府对企业发展的帮助

项目团队访谈了样本企业对政府在产业集群发展中的作用。结果显示,98%的样本企业认为政府对产业集群的发展有帮助,只有2%的样本企业认为没有帮助。图 3-19 描述了样本企业对政府在集群发展中的作用评价。可以看政府对企业的融资、人才帮助较大,分别占样本总量的23%、20%;其次是对企业的品牌塑造、技术创新、市场拓展,企业迁移分别占样本总量的15%、14%、12%、12%,说明集聚区政府对企业发展融资、人才、品牌塑造、技术创新等帮助较大。

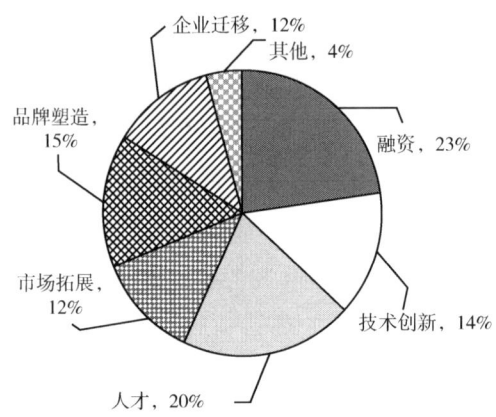

图3-19 政府帮助企业发展的类型

(六) 集群企业的负担

产业集群内企业的负担如何？图3-20描述了样本集群中企业的感受。可以看出，7%的样本企业认为承受了严重的不合理负担，46%的样本企业认为承担了较大的不合理负担，34%的样本企业认为不合理负担较轻，13%的样本企业认为没有不合理负担。总体来看，企业承担的负担较重。为此笔者进一步访谈企业目前所承受的不合理负担的种类及其来源。发现目前产业集群内企业承受的额外负担主要有乱检查、乱参展评比、乱培训、乱收费，垄断性中介费用，其他，分别占样本总量的16%、15%、14%、11%、10%，10%。其次为

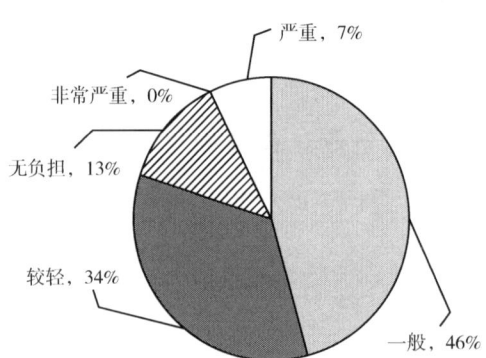

图3-20 企业承受负担的轻重

各种摊派、强拉赞助、乱罚款、政府项目拖欠款，分别占样本总量的 7%、6%、6%、5%（见图 3-21）。图 3-22 则显示了样本企业承受的不合理负担的主要来源。可以看出，中介机构是样本企业额外负担产生的主要来源，占样本总数的 36%，政府部门、行业协会分别占样本企业的 23% 和 15%。说明样本企业额外负担产生的主要来源是中介机构，其次是政府部门和行业协会。

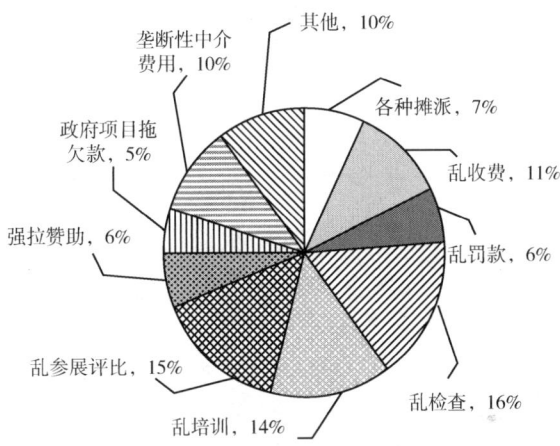

图 3-21　企业承受的不合理负担类型

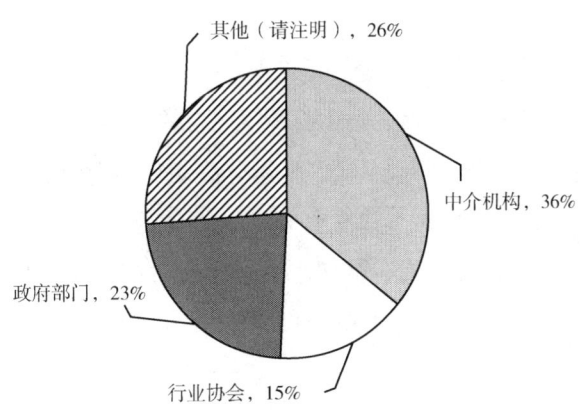

图 3-22　企业额外负担的主要来源

(七) 产业集群中企业急需的法律服务

图3-23描述了样本产业集群内企业急需的法律服务。从图中可以看出，优惠政策方面的法律服务是样本企业最急需的，占样本总数的27%，其次是金融和资本、产业政策、经营风险防范，分别占24%、21%和15%，最后是进出口法律法规、行业法规解读、用工指导，分别占样本企业的6%、4%和3%。由此说明，样本企业最急需的法律服务是优惠政策方面，进出口法律法规、行业法规解读和用工指导方面的法律服务不是样本企业急需的。

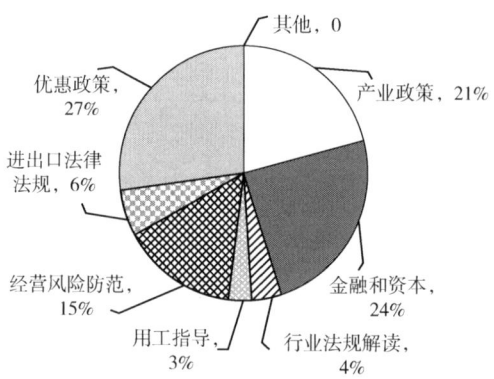

图3-23　企业急需的法律服务

(八) 法制环境中存在的主要问题

图3-24反映了产业集群法制环境存在的主要问题，从图中可以看出，办案程序不规范是样本产业集群法制环境存在的最主要的问题，占样本总数的25%，其次是司法人员水平低、地方保护主义、投诉无门、法院判决结果不能有效执行，分别占15%、13%、9%和7%，最后是贪污腐化、地方政府领导干预办案和不依法办案，分别占5%、5%和4%。

第三章 我国创新型产业集群发展现状

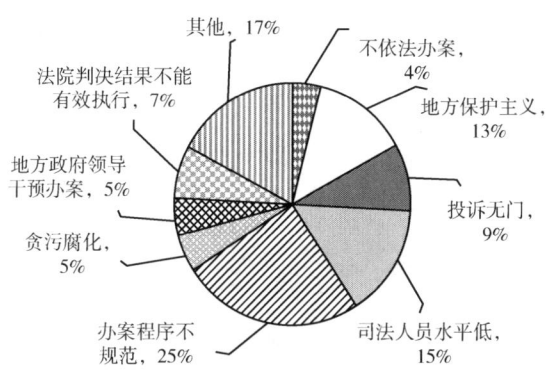

图3-24 法律环境存在的主要问题

三、产业集群内配套服务

产业集群的发展离不开交通运输、能源、水电等配套服务。为深入了解产业集群基础设施状况,笔者首先让样本企业对集群内配套服务的总体情况进行评价,然后对供电、供气、供水情况、交通设施、邮政电信、社会治安、居住环境和医疗卫生状况进行满意度评价,评价的结果如下:

(一)产业集聚区配套服务的总体满意度

图3-25是样本企业对所在产业集群的配套服务进行的总体评价,从图中可以看出,43%的样本企业对配套服务很满意,34%的样本企业满意配套服务,20%的样本企业认为配套服务一般,仅有3%的样本企业对配套服务环境的不满意。说明大部分样本企业对集聚区的配套服务满意。

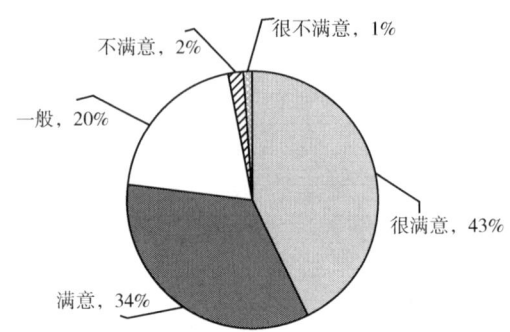

图 3-25 配套服务总体满意度

(二) 水电气的供应

图 3-26 反映样本企业对产业集群供电、供气、供水服务状况的满意度,从图中可以看出,对此评价为满意的样本企业最多,占样本总数的 40%,评价为很满意的占 31%,少数样本企业对此评价为不满意或很不满意,分别占 7%、4%。由此说明大多样本企业对供电、供气、供水服务状况满意。

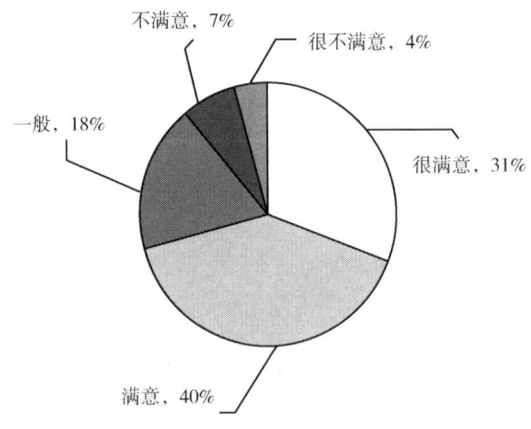

图 3-26 水电气的供应

(三) 交通设施

图 3-27 显示了样本企业对产业集群所在地区的交通设施状况的

第三章 我国创新型产业集群发展现状

满意度评价。从图中可以看出,对交通设施状况的评价为很满意或满意占样本总数的很大比重,各为41%,极少数样本企业不满意或很不满意交通设施状况,共占3%。说明大多数样本企业对产业集群所在区域的交通设施状况表示满意。

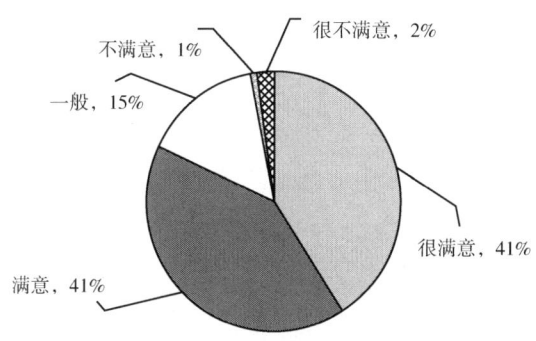

图3-27 交通设施满意度

(四) 邮政电信服务

图3-28反映了样本企业对所在产业集群内邮政电信服务状况的满意度,由图可以看出,37%的样本企业对集群内邮政电信服务状况很满意,33%的企业对集群内邮政服务满意,23%的企业对集群内邮政服务评价为一般,而7%的企业不满意集群内的邮政服务。

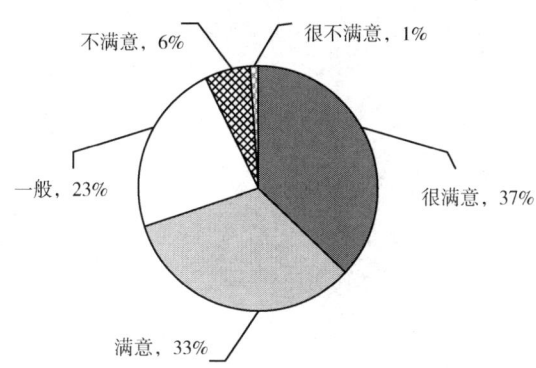

图3-28 集聚区邮政电信服务满意度

(五) 社会治安

图 3-29 反映样本企业对所在集群内社会治安状况的满意度。可以看出，44%的样本企业对所在产业集群的社会治安状况很满意，39%的样本公司对所在集群内的社会治安满意，17%的样本企业对集群内的社会治安状况不是太满意。说明大多数样本企业对园区的社会治安状况表示满意。

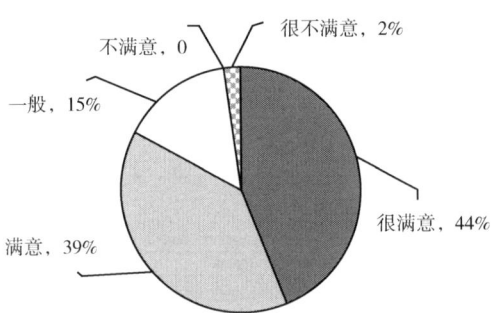

图 3-29 集聚区内社会治安满意度

(六) 医疗卫生

图 3-30 显示了样本企业对所在产业集群内的医疗卫生状况的满

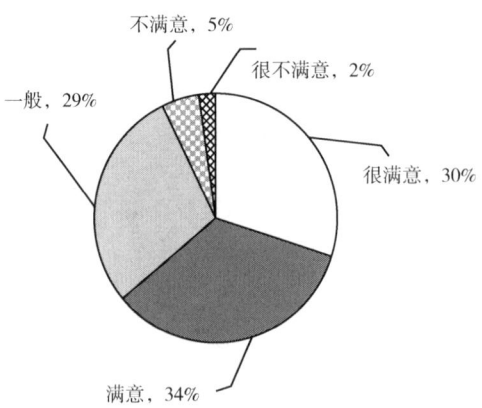

图 3-30 医疗卫生状况

意度，从图中可以看出，30%的样本企业对集群内医疗卫生状况很满意，34%的样本企业对集群内医疗卫生状况满意，29%的样本企业对医疗卫生状况表示一般，7%不满意所在集聚区内的医疗卫生状况。说明大多数样本企业满意园区的医疗卫生状况。

（七）产业集群内配套服务对企业影响较大的问题

图 3-31 反映了产业集群的配套服务方面对企业影响较大的问题。从图中可以看出，47%的样本企业认为集群内融资难是配置服务方面影响较大的问题；其次，17%的样本企业认为是零部件配置难；认为水、电等供给不足和仓储等供给不足的企业，分别占样本总数的15%、9%；最后是中介不健全，占样本总数的8%。说明融资难是配置服务方面对企业影响最大的问题。

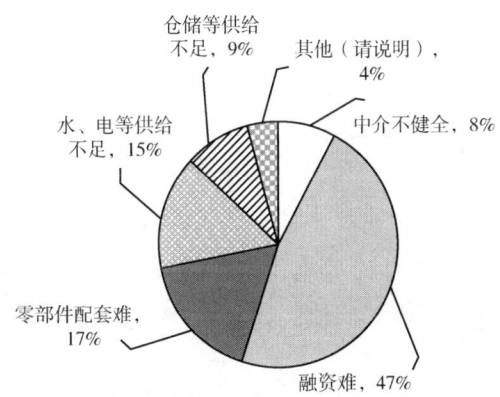

图 3-31 配套服务对企业发展影响较大的问题

（八）需要改进的配套服务

图 3-32 反映了样本企业认为产业集群内需要改进和完善的配套服务。从图中可看出，29%的样本企业认为集群内的公共服务需要改进，28%的样本企业认为进入集群的审批程序急需改进，28%的样本企

业认为基础设施需改进 10% 的样本企业认为集群应该明确主导产业。说明改善集聚区内公共服务、审批程序和基础设施是样本企业所期待的。

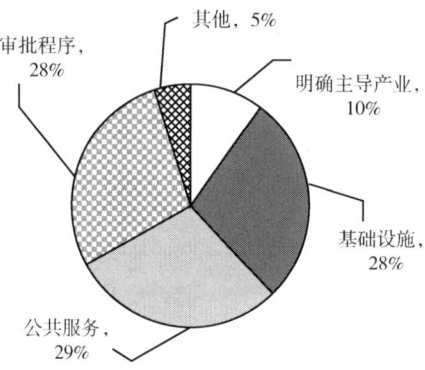

图 3-32 需要改进的配套服务

四、产业集群形成方式

(一) 企业进入集聚区的方式

图 3-33 显示了企业进入产业集群的主要方式,可以看出 58% 的样本企业在产业集群内成立,23% 的样本企业由本地企业迁入,12% 的样本企业由本省其他地区迁入,7% 的样本企业由其他省份迁

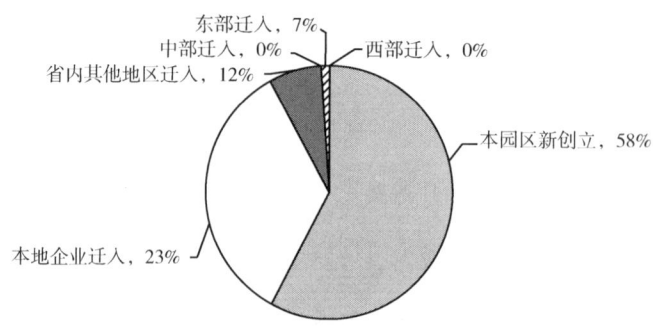

图 3-33 企业进入产业集群的方式

入。说明产业集群主要是由本省企业构成，外省企业所占比例较小。

(二) 迁入企业的迁入方式

图 3-34 反映的是企业迁入集群的主要方式。可以看出，46% 的迁入企业采用整体搬迁的方式迁入，39% 的迁入企业采取扩大再生产方式进入产业集群，8% 的企业采取拓展业务的方式进入产业集群，仅仅有 5% 和 2% 的企业采取核心业务和非核心业务入区。

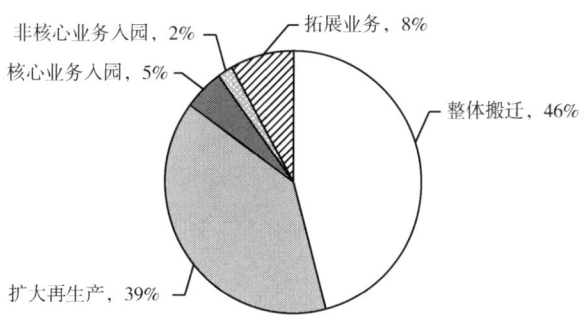

图 3-34　迁入企业入区方式

(三) 企业入区的动机

图 3-35 描述了样本企业进入产业集群的主要动机。政策导向在

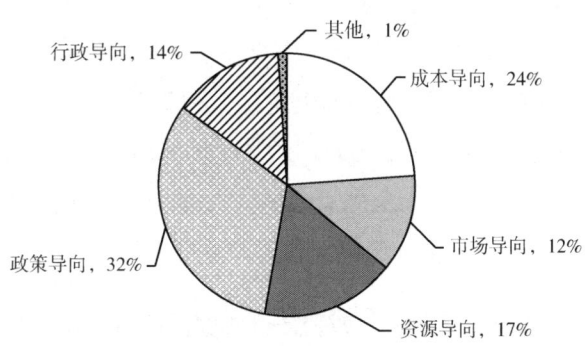

图 3-35　企业入区的动机

企业加入产业集群的动机中占据很大的比例,为样本数据的32%;24%的样本企业加入产业集群的动机是成本导向;17%的样本企业加入产业集群的动机是资源导向,仅仅有14%的样本企业入群动机是行政导向。说明政策导向、成本导向和资源导向是样本企业进入产业集聚区的三大主要动机。

五、我国创新型产业集群发展特征

(一)市场是推动我国创新型产业集群形成的基础力量

我国的创新型产业集群是改革开放的产物,近十年来更是加速形成。产业集群的本质是企业和产业在区域上的分工协作关系,分工协作深化的基本前提是市场的产生和扩大。随着我国改革开放的不断深化,市场机制日趋完善,创新型产业集群由此迎来了快速发展的时期。广东、浙江、江苏、福建、山东等沿海省份开改革开放风气之先,率先形成了较好的市场条件,因此产生了大批具有创新活力、产品和品种不断更新、产品技术含量越来越高、品牌越来越响、在国际市场上不断攻城略地的创新型产业集群。

与此同时,政府也在创新型产业集群的形成过程中发挥了重要作用,特别是政府通过建立高新技术产业开发区,促进了一批创新型产业集群的形成。20世纪80年代,中央政府开始进行高新技术产业开发区的试验,1988年国务院批准建立了北京新技术产业开发试验区,鼓励和引导广大科技人员走出封闭的大学和科研院所,推动高新技术产业化。1988年以来,国家先后分3批批准了53个国家级高新技术产业开发区和61个各类省级高新技术产业开发区。

(二)中小企业是我国创新型产业集群的基本主体

产业集群蕴含的竞争力主要表现为集合竞争力,表现为一群相关企业紧密分工协作而产生的竞争力,这些企业不一定是大企业。产业集群的这一特点非常适合我国市场经济逐步发育,在国际市场上竞争力逐步提升的实际。因此,许多地区和企业自觉不自觉地通过依靠中小企业,发展产业集群,在激烈竞争的国际市场上找到了自身的定位,获得可观的市场份额。事实上,近年来,在我国创新型产业集群的形成过程中,中小企业一直发挥着主要作用。最典型的就是浙江中小企业支撑着绝大部分创新型产业集群。即使是联想、海尔、华为等当今著名的大企业,在真正成为大企业之前,也是其所在产业集群中极具活力的中小企业。随着中小企业的迅速成长,在许多创新型产业集群中大企业越来越多。

(三) 制造业是我国创新型产业集群的主要行业

虽然在部分大城市的著名创新型产业集群中(如北京中关村、上海张江和深圳高新技术产业区等),高新技术产业是其主要行业,但在我国绝大多数崭露头角的创新型产业集群中,制造业特别是轻纺制造业仍然是主要行业。如温州的打火机产业集群、诸暨大唐镇的袜业产业集群、绍兴柯桥的轻纺产业集群、湖州织里的童装产业集群、东莞的电子产业集群、惠州的电子信息产业集群、中山小榄镇的五金制造产业集群、河北白沟的箱包皮革产业集群、辽宁佟二堡的皮革产业集群等都是以制造业为主。但在制造业发展过程中,服务业特别是生产性服务业也相应得到快速发展,如吴江电子产业集群围绕引进的台湾地区著名电子品牌企业,集聚了中小专业化配套服务企业近200家,服务业逐步从生产企业内部转移到企业外部,从而派生出一批包装、运输、仓储、物流、信息、培训、咨询、贸易、设计开发、中介服务、金融保险等领域的服务型企业。这些创新型产业集群的制造业技术含量在逐步提高,如大唐镇将世界先进的袜业机械引进来,当地政府积极支持企业建立袜业科技创业中心,使得大唐袜业的产品科技含量不断提高。

(四) 沿海发达地区是我国创新型产业集群的主要分布区域

创新型产业集群对市场化程度、开放水平、地理区位、交通通讯、产业配套环境和创新意识等有较强的依赖性。相比之下，沿海地区较多较早地具备了这些条件，因此我国的创新型产业集群主要分布在沿海发达地区，尤其是浙江和广东两省。广大中西部地区只有零星的创新型产业集群，而且发展水平普遍较东南沿海地区低。中西部较成型的产业集群主要有河北邢台清河的羊绒产业集群、河北白沟的箱包皮革产业集群、石家庄辛集的皮革产业集群、江西景德镇的瓷器产业集群、新余的职业教育产业集群、长沙浏阳的花炮制造产业集群、长沙的工程机械产业集群、河南漯河的食品加工产业集群、湖北仙桃彭场镇的无纺布产业集群、内蒙古鄂尔多斯的羊毛加工产业集群、重庆的摩托车产业集群、四川宜宾等地的酒业产业集群、西安的民办教育产业集群等。中西部地区产业集群的分布密度较东南沿海地区明显偏低。

六、我国创新型产业集群发展的良好态势

经过5年多的时间，全国创新型产业集群建设成效如何？科技部火炬中心主任张志宏表示："目前创新型产业集群已经成为促进企业'聚集、聚焦、聚变'的最佳路径，成为科技创新、提升产业竞争力的重要平台。"具体如下：

(一) 聚集优势资源，创新型产业集群成效显著

创新型产业集群的建设和试点工作，得到各级政府的鼎力支持和社会各界的积极响应，已经成为中央和地方推动产业结构调整、经济

发展方式转变的重要举措。32 家试点集群发展势头良好，成效显著。据不完全统计，2016 年创新型产业集群内共有企业 13757 家，其中高新技术企业 5088 家，从业人员 357 万人，其中大专以上学历占总数一半以上；共有科技企业孵化器 267 家，国家级技术转移机构 86 家；当年获得发明专利授权 27254 件，形成国家或行业标准 948 项。仅仅在中关村软件园，就有 120 余家移动互联网企业聚集，形成了包括龙头企业、中小型企业和第三方服务机构在内，空间布局相对集中、移动业务灵活专业、服务平台协同发展、产业链条合作竞争的移动互联网产业集群。集群内 18 家企业参与国际标准的制订，创制 6 项国际标准；获得国家科技进步奖 42 项，其中国家科技进步奖特等奖 1 项，国家科技进步奖一等奖 6 项。在烟台高新区，依托海洋经济，烟台海洋生物与医药创新型产业集群的科技创新成果丰硕。据了解，烟台高新区拥有海洋生物与医药类研发机构 20 余家，已建成国家企业重点实验室 1 个，国家工程技术研究中心 2 个，国家级企业技术中心 2 个，博士后工作站 1 个，院士工作站 2 个，以及长效和靶向制剂国家重点实验室、山东省药物新型制剂行业技术中心等一批特色工程化平台。这些创新平台在很大程度上发挥了产品开发与工程化辐射的作用。烟台高新区累计承担国家科技计划项目 65 项，累计授权发明专利 392 件，近 3 年来获得省级以上科技成果 84 项，多个企业的产品技术达到国内甚至国际领先水平，在促进科技创新、技术推广、成果转化等方面发挥了极大的示范和带动作用。

（二）完善创新生态系统，增强集群发展内生动力

创新生态系统是创新型产业集群的核心优势，是集群发展的主要动力，也是区别于传统产业集群的本质特征。作为创新型产业集群发展的典型代表，中关村移动互联网产业集群的发展就得益于不断完善的创新生态体系。据了解，2015 年年初，中关村启动"创业中国"

中关村引领工程，引领中国创业进入新时代。作为中关村移动互联网产业集群发展的主要载体，中关村软件园以支持创新创业为核心，以共生共融共赢为导向，打造了覆盖企业全生命周期和全球化发展环节的"双创"服务体系。作为创新创业的沃土，大连高新区建起了集综合孵化与专业孵化互动、一次孵化与二次孵化互补、科技孵化与创业投资互联的孵化体系。2015年又出台"众创十二条"，为创业者降低门槛，提供更优质的服务。由于有了完善的创新生态系统，近年来，大连高新区软件和信息服务产业集群快速发展，收入和出口年均增速均超过30%。2014年集群规模达到1256.5亿元，出口创汇27.5亿美元，主导产业规模和聚集度持续扩大。在保定新能源与智能电网装备产业集群内，保定国家大学科技园在河北大学和华北电力大学等入园高校的配合下，为充满创业激情的创业者搭建了操作和交流的平台——中国电谷·豆芽创客空间，为大众创业者培育新市场，为创新驱动发展注入新动力。在邯郸现代装备制造产业集群内，目前已建成3家众创空间，总面积11902平方米，拥有创业导师30人、创业团队22家、注册企业28家。与中关村创业大街36氪、车库咖啡、天使汇、3W咖啡等创业服务机构对接，争取对邯郸装备制造业众创空间的支持。

（三）加强国际科技合作，提升集群国际竞争力

据了解，提升国际竞争力，争取创新型产业集群在国际市场上的技术话语权、标准制定权、产品定价权，是我国创新型产业集群的发展目标。近年来，国内不少创新型产业集群以国际化视野，开展国际合作，大大提升了集群竞争力。

据中关村软件园发展有限责任公司副总经理杨楠介绍，作为中关村发展移动互联网产业的重要载体，中关村软件园非常注重国家间的开放交流与融合创新。中关村软件园先后与芬兰政府机构合作建立

"中芬国际技术合作创新中心",与以色列孵化创投机构建立"中以国际合作技术创新转移中心",与北美、北欧、印度、以色列、日本、韩国等16个国家和地区的相关机构建立业务联系,与北欧、印度等国家和地区的10余个国际科技园及政府组织签订了战略合作协议。

作为首批中国亚太经济合作组织科技工业园区,烟台高新区近年来努力做好"媒人",为园区企业和海内外科研院所开展跨国科技合作"牵线搭桥"。烟台高新区以中俄高新技术产业化合作示范基地为平台,与俄罗斯科学院远东分院海洋生物研究所等单位建立合作关系,该研究所累计向中方企业推介俄罗斯及独联体项目300多项,运作合作项目20多项,促成豪尔生物肥等一大批海洋生物与医药项目实现产业化。同时,烟台高新区还与韩国最大的国家级科技园——京畿高科园签订友好交流合作协议,建立长期合作机制,拓展国际科技合作新渠道。

作为烟台高新区发展海洋生物与医药产业的主要载体,山东国际生物科技园、拓普邦生物科技园在国际合作方面均做出了积极努力。其中,山东国际生物科技园发挥了示范带动作用,已经与新日本科学株式会社达成合作意向,就共建国际化的GLP(优良实验室规范)中心等方面开展合作,可为新药临床前研究引进国际领先的管理经验和技术,从而为创新药物与国际接轨奠定基础。

七、我国创新型产业集群发展中存在的问题

(一)对创新型产业集群的认识还很模糊

虽然产业集群是产业发展的基本规律,但我国直到近些年来才普遍运用产业集群这个概念,许多人对产业集群特别是创新型产业集群

的认识还较模糊。一些人将产业集群理解为产业集中或产业聚集或产业链等，将创新型产业集群单纯理解为以高新技术产业为主的集群。同时，一些地方对发展产业集群存在不少误区，如将发展主导产业（或支柱产业）等同于发展产业集群；将发展工业园区简单等同于发展产业集群，"乡乡建区"、"镇镇办园"，过分强调产业的地理集中；有的地方不顾当地的条件，过分强调打造（或拉长或延伸）"产业链"，硬搞产业"成龙配套"，导致"大而全"或"小而全"；过分依赖大企业或大项目发展产业集群，忽视中小企业在产业集群形成中的主要作用；重视"七通一平"、基础设施等硬环境建设，忽视文化交流等软环境建设。

(二) 创新型产业集群发展的制度环境不完善

产业集群的发展离不开制度环境的支撑，创新型产业集群的发展还需要政府的适当引导。虽然近年来我国创新型产业集群得到了长足发展，但总的来看，创新型产业集群发展的制度环境还不完善。主要体现在：有关的法规不健全；鼓励发展创新型产业集群的政策还很缺乏；政府职能转变滞后，"缺位"与"越位"并存，公共服务不够；行业协会等非政府组织发育缓慢；知识产权保护乏力，产权信用环境较差；金融担保机构、教育机构和中介服务机构不足；僵硬的行政区划不利于生产要素大范围流动和聚集等。

(三) 一些创新型产业集群产业层次和附加值偏低

由于我国许多创新型产业集群尚处于形成初期，主要依靠低成本战略来形成竞争优势，因此创新型产业集群普遍存在产业层次和产品附加值偏低的问题。一些集群中企业产品的技术和知识含量偏低，高附加值产业和产品不够；低附加值产业集群较多，高新技术产业集群较少；自主创新能力弱，集群大而不强，抽样调查表明珠三角地区自主研发的企业比例还不到40%，多数企业没有核心技术；作为技术创新基础的劳动力技能较低，在一些制造业集群中甚至出现了严重的"技工荒"；因受保守型传统文化的约束，集群内企业的创新意识不够，人才流动性较低。

(四) 一些创新型产业集群的分工协作水平较低

创新型产业集群本是分工协作不断深化的一种重要表现形式，但由于受市场制度不完善和信用环境较差的影响，许多地方创新型产业集群的分工协作水平较低，不能适应发展的需要，表现在集群内企业外包意识差，产业链不完善。深圳有家具、钟表、服装、机械、鞋业、工艺六个传统产业集群，都具有相当的经济规模，但多数产成品及其零部件在单一企业内部完成，配套企业吃不饱。集群内同类企业恶性竞争，相互压价，开展合作和联合较为困难，没有形成相互支撑、相互依存的专业化分工协作产业网络。一些创新型产业集群临近大学或研究机构，但由于缺乏良好的合作机制和合作氛围，除了中关村等少数高校区外，这些大学或科研机构并未较好地成为产业集群创新的重要源泉。

第四节 我国创新型产业集群企业合作创新现状

一、企业发展现状

(一) 企业生产环节

图3-36显示了样本产业集群内企业涉及的主要生产环节。可以看出，28%的样本企业涉及销售及售后服务，23%的样本企业涉及研

发设计，22%的样本企业涉及原材料生产，16%的样本企业涉及产品组装，11%的企业涉及零配件生产。图3-37反映了企业生产环节中存在的主要问题。可以看出，35%的样本企业认为投融资困难是企业生产过程中存在的主要问题，16%的样本企业认为交通不方便是生产过程中存在的主要问题，14%的企业认为招工困难是困扰企业生产的主要问题，13%的样本企业认为产业集聚区内配套设施不完善是阻碍企业生产的主要问题，12%的企业认为缺乏明确的产业支撑困扰企业生产，7%的样本企业认为物流不便是其生产过程中的主要问题；3%的样本企业认为生产过程中的其他问题也同样重要。

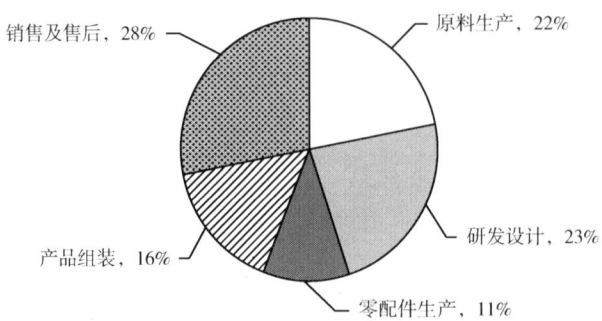

图3-36　企业涉及的生产环节

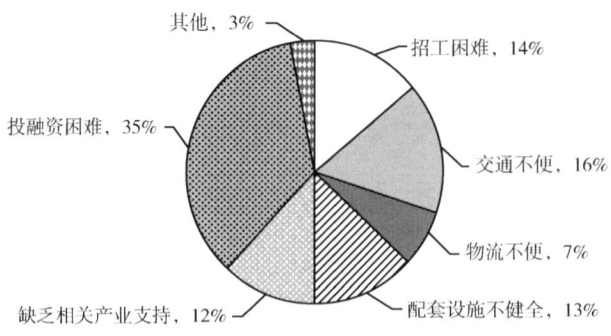

图3-37　企业生产过程中存在的问题

第三章 我国创新型产业集群发展现状

(二) 企业市场环境

图 3-38 显示的是样本企业对所在产业集群的市场环境好坏进行评价的结果。从图可知,认为产业集群市场环境很好的企业占样本总数的 21%,认为所在产业集群市场环境较好的比例为 54%,认为市场环境一般的比例为 23%,仅仅 2% 的样本企业对所在产业集聚区环境给予差评。可见产业集聚区的企业对市场环境总体感觉良好,对市场推广和企业发展持乐观态度。

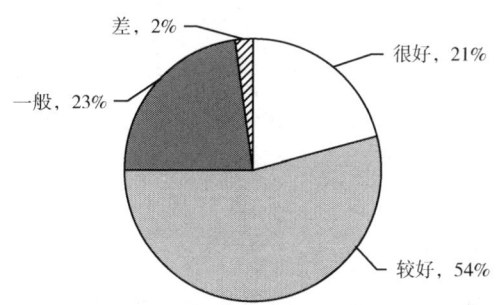

图 3-38 产业集群的市场环境

图 3-39 反映的是样本企业认为市场秩序方面存在的主要问题。可以看出,市场秩序方面销售货款拖欠严重、影响企业资金运转的问题最为突出,50% 的样本企业均有相同看法;其次是恶性竞争激烈,

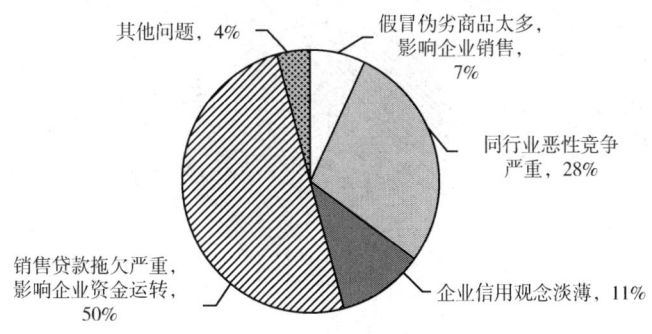

图 3-39 市场秩序方面存在的问题

比例高达28%；11%的样本企业认为市场内企业信用观念淡薄，普遍不讲信用，不守合同。可见信用机制的建立是非常紧迫的。

（三）企业品牌

图3-40反映样本企业品牌的种类。可知69%的样本企业拥有自主品牌，16%的样本企业拥有自有品牌和贴牌生产，6%的样本企业没有自己的品牌，为其他企业贴牌生产。

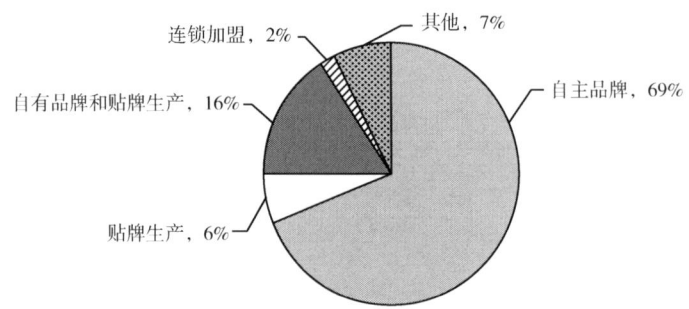

图3-40　企业品牌种类

图3-41反映的是样本企业的品牌档次。可见，32%的企业品牌属于区域性品牌；29%的样本企业品牌属于全国名牌；5%的样本企业品牌属于世界品牌；但也有17%的企业没有自己的品牌。

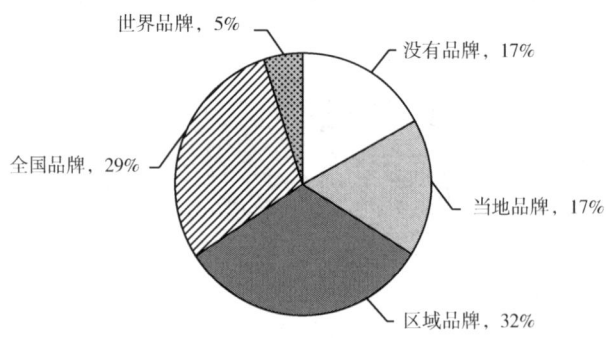

图3-41　企业品牌档次

图 3-42 显示了样本企业未来打造企业产品品牌的主要途径。54%的样本企业通过提升产品质量打造企业品牌，30%的企业通过加强产品品牌文化内涵提升品牌档次；10%的样本企业通过增加广告投放提升产品的知名度。

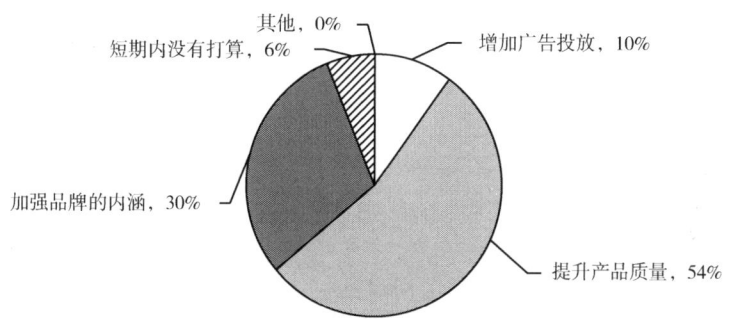

图 3-42 未来打造企业品牌的途径

二、合作创新现状

(一) 合作主体

根据现有学者对合作创新主体的分类，笔者将参与产业集群内组织合作创新的主体分为服务业客户、制造业客户、技术提供商、制造业供应商、政府机构、服务提供商（如咨询机构、法律服务机构、会计服务结构等）、生产商、竞争者和科研院所。笔者对样本产业集群内各类组织参与创新的可能性进行了调研。调研的结果如表 3-2 所示。从表中的数据可以看出，生产商是产业集群中合作创新的主体，60%的生产商参与集群组织创新；其次是服务业客户、技术供应商和科研院所，分别占 50.12%、40.86% 和 31.67%；制造业客户和制造业供应商参与合作创新比例略低，分别为 25.17% 和 27.08%；竞争者之间的合作较难组织，产业集群内仅仅有 16.17% 的企业愿意和其竞争对手进行合作创新。

表 3 – 2　　　　　各种组织参与合作创新的比例

合作主体	服务业客户	制造业客户	技术提供商	科研院所	服务提供商	生产商	制造业供应商	竞争者	其他
参与合作创新比例（%）	50.12	25.17	40.86	31.67	29.17	60.14	27.08	16.17	3.26%

（二）合作创新项目的类型

产业集群内组织创新的项目包括引入新技术、研究与开发、创新培训、创新成果市场化四类，样本产业集群内组织合作创新项目调研结果如图 3 – 43 所示。从图中可以看出，引入新技术是产业集群经常合作的创新项目，占 33%；其次是研究开发与创新培训，均占合作创新项目的 23%，创新成果市场化活动的组织创新项目相对较少，为 21%。

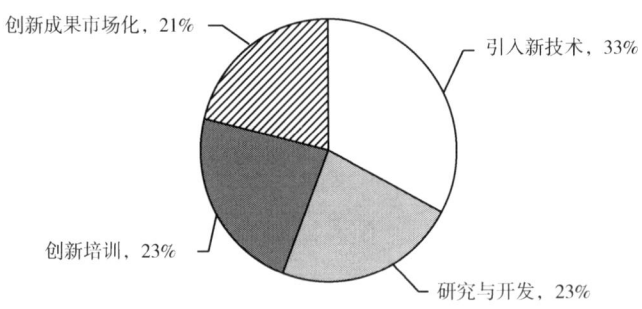

图 3 – 43　产业集群内组织合作创新的项目类型

（三）合作人力资源

从图 3 – 44 中可以看出产业集群中组织创新最需要的人才中，技术研发人员是最急需的,占样本总数的35%,其次是市场营销人员、科技管理人员和财务人员,分别占样本总数的25%、21%和9%,最后是公共关系人才和高端国际化人才,分别占总数的4%。

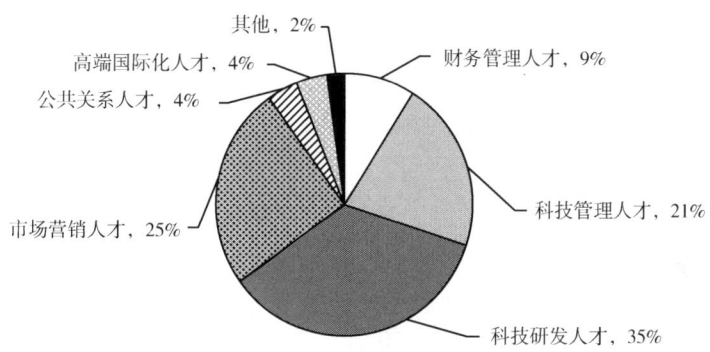

图3-44 组织创新中需要的人才

图3-45反映产业集群组织创新团队成员的流动性。可以看出47%的合作创新项目团队成员流动性一般,32%的合作创新团队成员流动性较高,3%的合作创新团队成员流动性很高;仅仅有11%的合作创新团队成员流动性低,7%的合作创新团队成员流动性很低。说明样本企业的员工流动性普遍较高。

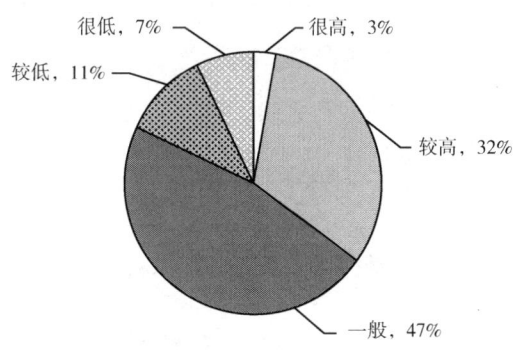

图3-45 员工流动性

图3-46显示合作创新团队目前留住人才的主要方式。从图中可

以看出，提供以施展才华工作平台留住人才的创新团队占28％，支付高薪酬方式留人的样本团队占24％，规划美好的职业前景的样本团队占23％，塑造良好企业文化吸引人才的项目团队占19％，提供高福利、赠予企业股权等方式留人的项目团队占6％。

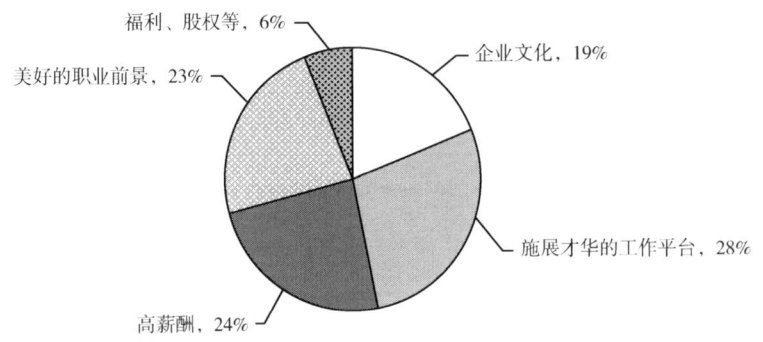

图3-46　留人方式

图3-47反映了产业集群合作创新组织人才引进和培育相关政策方面存在的主要问题。可以看出，39％的样本企业认为人才政策的吸引力不强是最主要的问题，18％的样本企业认为人才引进和培育相关政策落实不到位是主要问题，17％的样本企业认为政策分散是主要问题，11％的企业认为是人才引进和培育的手续繁琐，还有5％的样本企业认为相关政策不能与时俱进。

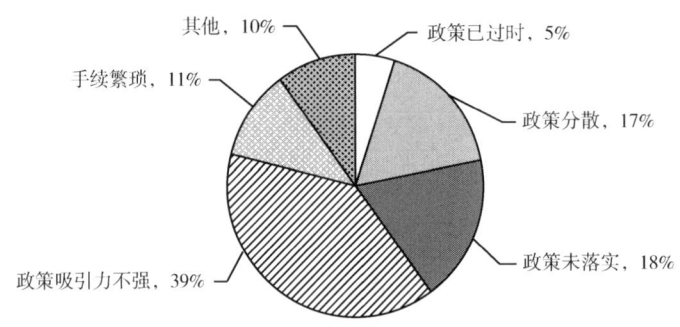

图3-47　人才引进方面存在的问题

第三章 我国创新型产业集群发展现状

(四) 创新资金状况

图 3-48 和图 3-49 显示了产业集群合作创新项目的融资需求和融资方式。从图中可以看出,有 86% 的合作创新项目缺乏资金,需要融资;仅仅有 14% 的创新项目近期不需要融资,说明绝大部分合作创新项目资金不足;在融资时,65% 的企业通过银行贷款进行融资,16% 的企业通过担保公司进行融资,6% 的企业通过上市发行股票融资,5% 的企业通过政府扶持进行融资,而吸收风险投资、保险资金、民间拆借和用无形资产抵押进行融资的企业较少,说明样本企业仍采用传统融资方式进行融资。

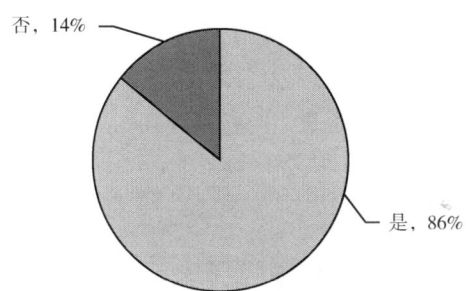

图 3-48　融资需求

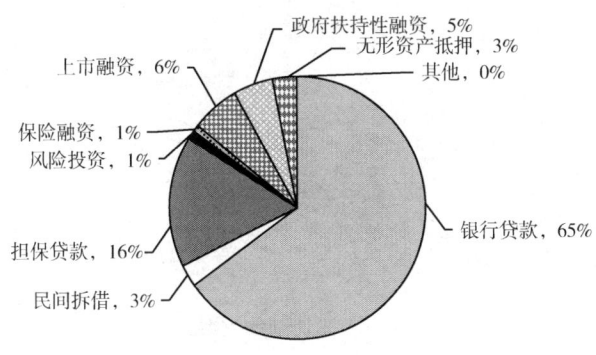

图 3-49　融资方式

图 3-50 和图 3-51 反映了产业集群合作创新项目融资困难程度及原因。从图 3-50 中可以看出,29% 的企业认为融资很困难,30% 的企业认为融资较为困难,28% 的企业认为一般,仅仅有 13% 的企业融资不太困难或没有困难。而从图 3-51 可以看出,缺乏融资渠道是企业融资难的最主要原因,其次是缺乏担保占 21%,政府扶持缺失占 11%,银行数量少占 7%,与银行关系不好占 5%,企业规模小占 5%。

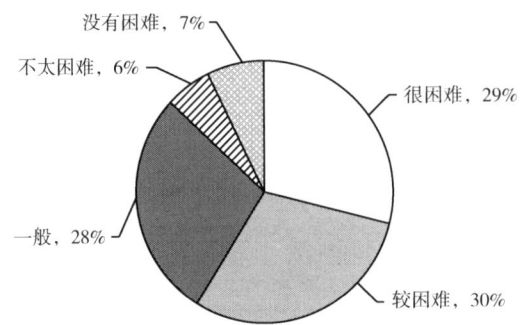

图 3-50 融资难度

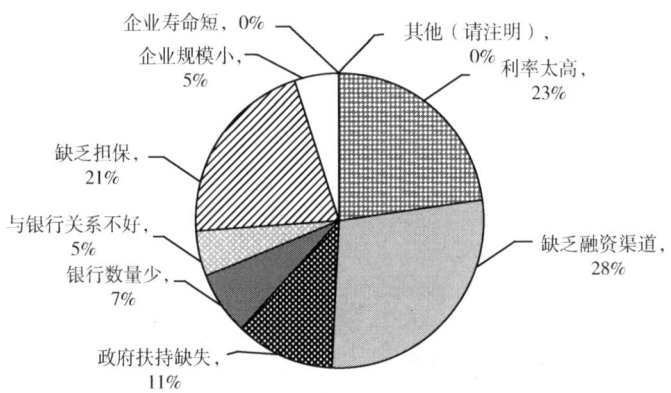

图 3-51 融资难的主要原因

第三章 我国创新型产业集群发展现状

(五) 研发设备水平

图 3-52 反映产业集群合作创新项目样本企业的研发装备技术水平。可以看出,国内先进水平占据样本数据很大的比例为 64%,国内平均水平和国际先进水平的样本企业,分别占样本数量的 23%、9%,最后是国内落后水平,占样本数量的 4%。说明样本企业研发设备水平大部分属于国内先进水平。

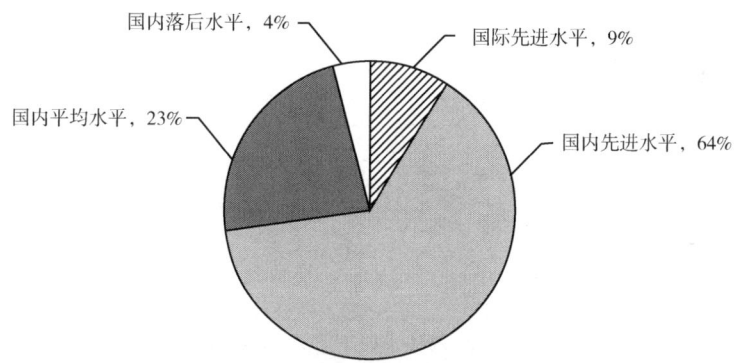

图 3-52 研发设备的技术水平

(六) 专利产权

图 3-53 反映了创新合作项目创新成果的专利情况。可以看出,

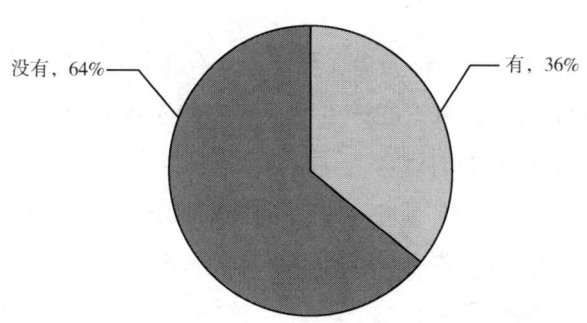

图 3-53 专利产权拥有状况

仅仅36%的合作创新项目成果拥有专利产权（含发明专利、实用新型专利和外观设计专利等），64%的合作创新项目成果则没有专利产权。

（七）合作创新项目技术来源

图3-54反映合作创新项目主要的技术来源。可以看出，41%的合作创新团队采用技术引进，23%的项目创新团队进行独立研发，17%的项目创新团队与集群外的高校或科研机构合作开发，仅仅有11%的企业与其他组织合作研发。

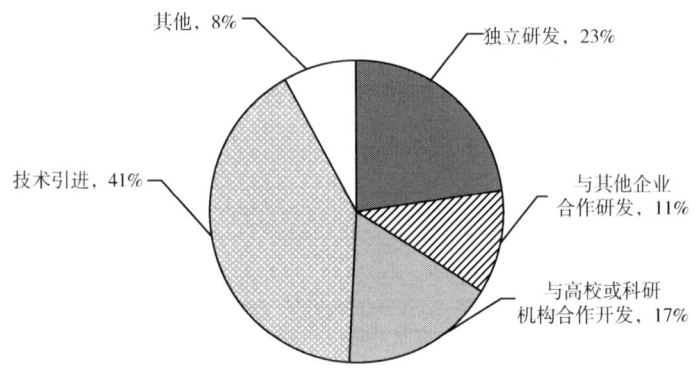

图3-54 主要技术来源

（八）合作比例及形式

图3-55和图3-56反映了样本企业合作创新的比例及形式。由图3-55可以看出，51%的样本企业在技术创新时没有和产业集群中其他组织合作，49%的样本企业则与产业集群中其他组织进行合作创新。同时，由图3-56看出，企业与其他组织进行合作创新的主要形式为开展项目合作，占有合作样本总数的36%；其次是举办交流会、定期培训、共建研究中心、聘请高校顾问，分别占15%、12%、11%、10%；共同申请专利、成立创新联盟的样本企业所占比重较

第三章 我国创新型产业集群发展现状

小,分别为9%、6%。

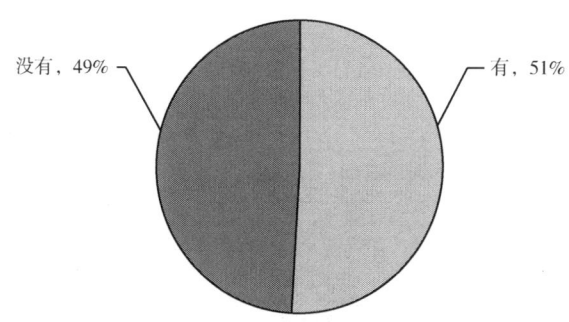

图 3-55 合作创新与否

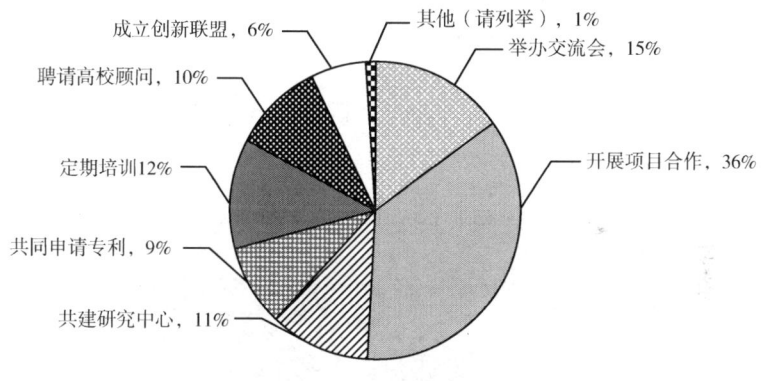

图 3-56 合作方式

(九) 寻求技术合作伙伴的渠道

图 3-57 是企业寻找技术合作伙伴的渠道分布图,从图可知,通过技术成果展示会寻找技术合作伙伴的样本企业占 28%,通过院校推介的样本企业占 23%,通过朋友介绍寻求合作伙伴的样本企业占 22%,通过政府推介的寻求合作伙伴的占 15%,通过中介机构推介和其他渠道寻求合作伙伴的样本企业均占 6%。

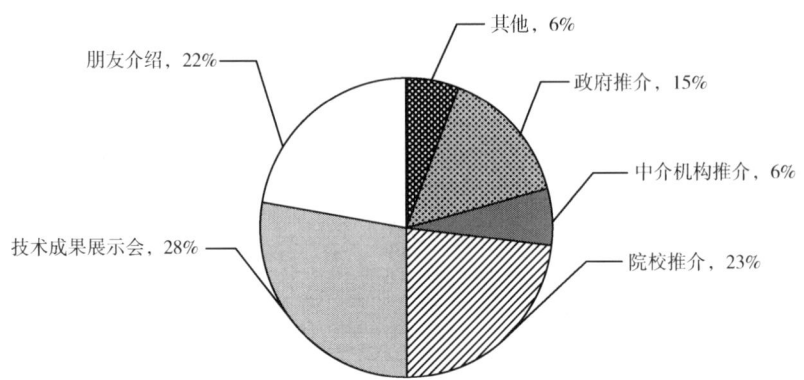

图 3-57 寻求技术合作伙伴的渠道

(十) 合作创新的满意度

图 3-58 反映样本企业对合作创新是否满意的调查结果,可以看出,44%的样本企业对合作创新效果评价为一般,41%的样本企业满意,4%和11%的样本企业非常不满意或不满意。

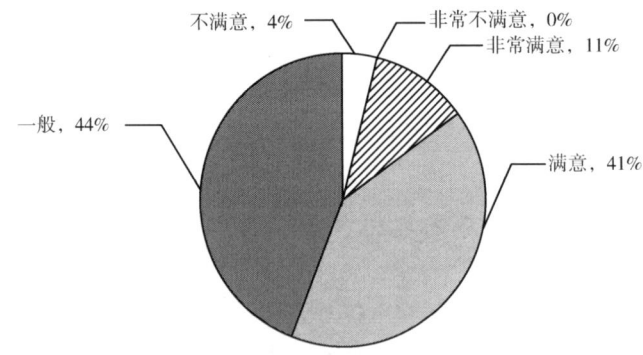

图 3-58 合作创新的满意度

(十一) 制约企业合作创新的主要因素

图 3-59 显示了制约企业合作创新的主要因素。从图可以看出,

第三章 我国创新型产业集群发展现状

制约企业合作的主要因素是缺乏人才和设备,占总样本的38%;其次是企业主动权太小、高校技术不成熟、积极性不高,依次占20%、19%、15%;最后是利益分配不合理占8%。说明制约产学研的主要原因是人才、设备的缺乏及企业主动权小。

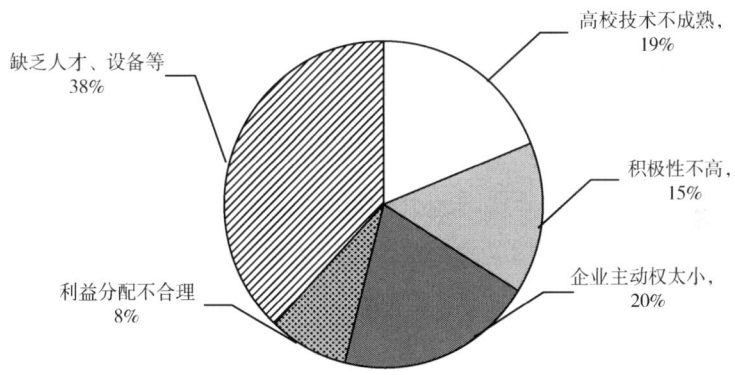

图3-59 制约产学研相结合的主要原因

三、合作创新中存在的问题

由前面的分析可以看出,我国创新型产业集群组织合作创新非常普遍,不仅采用各种方式在创新项目上进行合作,有些产业集群内还构建了合作创新联盟。但不得不说,产业集群内的组织合作创新处于探索阶段,虽然取得了一定的实践经验,但在建设和发展过程中也逐步暴露出很多问题,主要体现在三个方面。

第一,合作动力不足,合力不够。在产业集群合作创新中,企业是主体,高校和科研机构是次主体,科技中介机构是桥梁和润滑剂,政府是调控主体。产业集群内的组织合作创新是"大伙搭台唱戏",合作成员既是这台戏的搭台者,也是这台戏的扮演者,合作创新活动的良性发展需要全部成员共同努力。但产业集群内科研院所尤其是高校在主动适应经济和社会发展需求方面的能力上有所欠缺，在与企业合作时动力不足，主要原因是合作创新团队的成员来自不同领域、不同行业、不同文化背景，采取不同的管理和运作模式，这些导致各方追求的利益与价值不同，继而使得合作创新各个参与方在合作时难以形成强劲的动力和合力。主要有以下表现。一是由于体制和自身因素的影响，高校和科研机构在业绩评价和职称评定时重视教学工作和理论研究，而轻视与企业合作的横向成果，使得某些科研人员把重心放在科研成果、论文、专著上，忽视科研成果的应用价值，据调研，70%的高校青年教师不愿意和企业进行长期合作。另外，一些高校和科研院所受本身传统体制的影响，缺乏活力。同时，担心科研成果外露，导致研院所失去主动寻求与企业合作的动力。二是企业和科研院所合作创新的动力不足。据笔者对调研数据分析，发现51%的样本企业与高校及科研机构没有合作；在合作模式选择时，以单个项目为依托进行临时合作的企业占36%，仅有6%的企业愿意和科研机构建立创新联盟。这可能与企业缺乏长远战略规划，只关注开发和生产的现实需求，对具有先进性和长远性的创新成果不愿意进行投资有关。

二是，人才是产业集群合作创新的瓶颈。产业集群合作创新是各种创新要素的整合，核心是创新人才的整合。但是人才是产业集群合作创新的瓶颈，主要体现在以下几个方面。其一，科技人才尤其是高科技技术人才匮乏。一方面高端科技人才数量较少。尤其是中西部创新型产业集群高校的层次较低，著名的理工类大学较少，培养的高科技人员数量较少；另一方面，由于合作创新项目团队对科技人才的激励制度不够完善，对科技人员缺乏吸引力。其二，科技人员结构不合理。首先，科技人员尤其是高端科技人员主要集聚在高校、科研院所和金融行业，制造和服务性企业尤其是中小企业科技人才严重匮乏。再者，科技人员大部分汇集在大城市，中小城市的科技人员尤其是高端科技人员较少，地方性企业的科技人员则更加短缺。其三，科技人员的创新能力不高，动力不足。科技人员先进的科研成果较少，创新意识和创新能力不足。虽然近年来高校和科研机构培养和引进一批高学历和高科研能力的双高型人才，但由于传统的管理体制僵化和创新氛围淡薄，他们很少想长期进驻到企业里面，结合企业需求做实用的研究。其四，由于企业尤其是中小企业在科技人员引进、培育、激励等方面的投入力度较小，方法方式单一陈旧，导致企业技术人员的创新性动力不足。

三是，政策体系不完善。外部环境是影响产业集群内组织创新绩效的一个重要条件，其中政策体系是最重要的一个外部条件。为推动组织合作创新，各个产业集群及当地政府从各自领域制定推动合作创新的政策体系，但是还存在以下尚需完善的地方。其一，政策内容比较宏观，可操作性不强。目前大部分与合作创新相关的政策，主要是组建方案和指导意见，而有关合作创新过程管理方面的政策、法规相对偏少，对合作创新的支持、扶持政策及保障性法律法规有待进一步健全与完善，激励合作创新的人才、资金、财税、金融政策力度和灵活性体现不够，如对参与合作创新的青年科技人员，在职称评定、绩效考核等激励方面，尚未形成可操作性的制度。对合作成员的进退机制、合作契约制度、风险评估制度等重要方面没有制定相应的政策引导，这些均需进一步完善。其二，政策之间缺乏系统性。由于科技、教育和经济主体之间的体制阻隔，各主体间形成了坚厚的行业围墙，各政府部门均从本部门视角出发，制定相应政策，导致各种政策缺乏整体性和相关性。如教育厅出台的有关高校教师工作管理政策、科技厅出台的科研成果评价政策、人力资源保障厅出台的职称评定政策、组织部出台的干部晋升政策等等没有关联性，甚至个别地方是矛盾的。

创新型产业集群嵌入性
对组织间合作创新的
影响研究
Chapter 4

第四章 创新型产业集群嵌入性影响组织合作创新的理论分析

创新型产业集群嵌入性对组织间合作创新的影响研究

创新型产业集群内企业合作创新是企业创新能力拓展的重要方式和手段,集群内企业合作创新活动受到不同嵌入性的影响。本部分首先探究创新型产业集群内企业合作创新的内在机理,分析主要影响因素;在此基础上分析嵌入性和企业学习对合作创新绩效的影响以及企业学习对嵌入性与合作创新绩效之间的中介作用;最后提出嵌入性、企业学习和合作创新绩效的理论模型。

第一节 创新型产业集群内组织合作创新的特征

产业集群内组织在空间上、文化上、产业价值上、制度上等等存在着邻近性,因此产业集群内组织合作创新与非集群内组织合作创新相比具有多方面的不同特征,比如组织的柔性结构、知识溢出效应、追赶效应、示范效应、吸聚效应等等。

一、组织结构的柔性

产业集群是一种介于市场和企业之间的中间性组织。集群内组织通过协商和沟通实现互动,通过成功经验和失败教训自我调整组织行为以适应集群整体行动。和市场中独立的企业相比,产业集群内的组织间能够更快地促进知识尤其是隐性知识的扩散和转移,也能降低组织间的交易成本;和企业内的刚性组织相比,产业集群能够在更大范围内组织和整合创新资源。因此产业集群这种柔性中间组织,更有利于进行组织间合作创新。

二、知识溢出效应

知识研究的代表性学者 Badatacco 认为实现隐性知识的转移,合作是一种有效的渠道。Hamel 等学者通过大量的实证研究发现，企业组建各种创新联盟的主要动机是在合作过程中相互学习，获得其他组织的知识特别是隐性知识。知识具有公共物品的性质，传播的速度越快，传播的范围越广，知识的效率就越大。但是通过组织经验积累形成的隐性知识，难以具体化和系统化，只有通过组织间的不断合作才能进行有效传播。这类知识像传染病一样在合作组织间进行模仿、学习，才能够转移。组织间的交流网络越广泛、组织关系越紧密、沟通交流越频繁，隐性知识的传播速度和传播效果越好。在产业集群中，产业价值链上的供应商、生产商、客户和科研院所及相关服务组织集聚在一起，空间上、文化上、知识上和产业链上的邻近性均有助于组织间的接触和交流，从而为隐性知识在组织间的传播提供了便利，提升了合作创新的绩效和额外收益。

三、创新资源和创新能力的多样化

创新活动需要多种资源的整合和运用，创新主体能够获得的创新资源越多，创新成功率就越大。产业集群将各种类型的创新人才、创新信息和创新资金集聚在某个特定的空间，创新主体可以方便地搜集和整合创新活动所需的创新资源。比如资金是创新必要的物质基础，很多创新项目因为不能及时提供充裕的资金而中断甚至被迫取消，产业集群内有众多的组织，也不缺乏专业的投资公司，相对于市场中的单个企业，融资要便利很多；再如产业集群各个组织在创新活动中具有各自的优势，在合作创新活动中分工合作。

四、示范效应和追赶效应

产业集群中各组织之间既有合作，同时也存在竞争，各组织间是一种竞合关系。因此集群内部合作创新是一种协同竞争式创新。创新能力强的企业为其他企业或组织起到了榜样和示范的作用,创新能力较弱的企业可以通过观察、引进和模仿提升自身能力。而能力较强的企业为了保持竞争优势,势必要加快新产品创造和新技术研发。模仿者将先进企业紧紧追赶,从而使整个集群的创新能力得以提升。这种示范和追赶效应不仅使企业的设备、原材料、基础设施等有形资产得到提升,在管理水平、产品品牌、员工创新思维等无形资产方面也受益不浅。

第二节 创新型产业集群组织合作创新的动力

产业集群内组织合作创新的动力是指推动集群内各组织展开合作创新的驱动力。企业是创新活动的主体,但受制于单个企业资源和能力等内部因素和外部创新环境和条件的限制,难以进行独立创新时,企业不得不打破组织边界,联合其他组织合作创新。产业集群推动企业和其他组织参与合作创新的动力要素可以分为集群动力和组织动力两种,集群动力主要指产业集群推动组织进行合作创新,主要包括产业集群政策、市场需求、同业竞争等;组织动力指组织内对合作创新的需求,主要包括获取创新资源、积累技术知识、追求超额创新收益、分担创新风险等。

一是,政策推动。政策推动指的是产业集群制定的各种产业发展政策推动集群内各组织合作创新,是集群内组织合作创新的重要外部动力因素。产业集群的管理者为促进集群发展,往往会结合集群发展现状和未来发展空间制定产业发展政策、资助组织发展政策、税收优惠政策、创新孵化政策、产学研合作联盟政策等等,这些政策能够激发组织参与合作创新的积极性、减少合作创新成本、降低合作创新风

第四章　创新型产业集群嵌入性影响组织合作创新的理论分析

险,从而推动组织展开各种形式的合作创新活动。政策的嵌入性越强,企业和管理者的关系越紧密,政策的针对性和效果就越好,从而其推动组织合作创新的动力就越大。

二是,满足市场需求和应对同业竞争。一方面,企业需要开发满足市场需求的产品或服务;另一方面,企业需要在满足市场需求时和同业者进行竞争。只有提供优于竞争对手的市场所需的产品或服务,企业才能够健康发展。而产品的开发和竞争能力的培育需要企业进行技术、商业模式和管理等全面创新。受制于自身创新资源和创新能力,企业不得不联合其他组织进行合作创新。因此满足市场需求和培育竞争能力是推动组织合作创新的两大外部动力。企业间合作创新活动的目的是满足市场需求、取得竞争优势。企业间合作创新能够在分散风险的情况下推出市场所需的新产品或新服务,通过合作创新获得新知识从而提升企业创新能力,提升竞争力。协同竞争性是产业集群的重要特征,集群内企业保持着既竞争又合作的关系。他们通过信息共享更加敏锐地洞察市场动向,在相互竞争中形成市场优势。产业集群内各组织间双边关系越强,信息传递速度越快,企业对市场需求的变化越敏锐,创新的意愿越强。同时,双边关系越强同业企业交流越广泛,更能深刻的体会同业竞争的压力,从而对集群内组织合作创新的推动力越强。

三是,创新资源匮乏和创新能力不足。研发人员、创新人员、创新资金、研发设备等创新资源是开展创新活动的基本要素。技术开发能力、知识获取、整合和运用能力、创新管理能力是顺利进行创新活动的必不可少的能力组合。创新资源不足和创新能力瓶颈往往是单个企业创新失败的主要原因。因此获取和整合创新资源、补充创新能力往往是企业采用合作创新的重要内部原因。企业在合作创新过程中可以和其他组织的研发人员组建创新项目团队,通过组织间学习培养自身创新人才和完善人才培养体系,可以拓宽融资渠道,创新融资方式，吸取其他组织的资金进行合作创新；可以和合作者在创新过程中通过共享和学习，收集、整合和运用其他组织知识，提升创新能力。

四是，知识积累。获取新知识，丰富知识储备是集群组织合作创新的主要内源动力之一。知识积累是企业在经营和研发活动实践中知识的积累和沉积。知识储备越丰富，企业创新的成功率越高。仅仅通过企业自身活动实践积累的知识毕竟有限。在合作创新过程中，通过和其他组织交流获取的新知识尤其是隐性知识不仅可以丰富企业的原有知识储备，也能提升企业知识储备的质量。因此为了获取其他组织的隐性知识而参加合作创新是企业主要的内源动力。

五是，获取超额利益和分散创新风险。获取超额利益是企业进行合作创新的根本驱动力之一。组织尤其是企业参与合作创新的根本目的就是获取比独自创新更高的经济效益，包括显性的经济效益（利润、收入等），以及隐性的经济效益（专利、知识产权等）。分散创新风险是推动产业集群内组织合作创新的重要的驱动因素。企业的根本目标是在尽可能低的风险下追求尽可能大的利润。自主独立创新风险可能影响到企业的生存甚至发展。开展企业间合作创新，有效分担创新风险成为合作创新的内部动力。

六是，企业家创新合作精神是推动企业间合作创新的重要内部驱动因素。推动产业集群内组织合作创新的企业家精神主要包括不惧创新风险、迎难而上的冒险精神，不甘人后、勇于探索的创新精神，团结协作、善于共享的合作精神。任何形式的技术创新活动都有无法避免的创新风险，合作创新同样存在巨大风险。只有具有强劲的企业家精神的组织才有勇气和魄力承担合作创新的风险，开展各种形式的合作创新活动。

综上所述，推动产业集群内组织合作创新的动力要素，既包括组织内部追求超额利益、分散创新风险、克服创新资源和创新能力瓶颈等内部动力，也包括产业集群政策、满足市场需求和提升竞争优势等

第四章 创新型产业集群嵌入性影响组织合作创新的理论分析

外部动力,各种动力要素对产业集群内组织创新活动具有重要影响。组织尤其是企业组织参与合作创新的根本目的是获得超额经济效益,而经济效益和风险分担相互促进,互为条件。企业要通过合作创新获得较高的创新效益,必须承担较大的创新风险。嵌入性在产业集群内组织合作创新的外部动力因素中发挥着重要的作用,嵌入性越强,政策推动的效果越显著,企业对市场需求的把握越细腻,对同业企业的竞争压力越敏感,从而为企业开展企业间合作创新活动提供更充足的动力。各种动力和组织合作创新之间的关系如图4-1所示:

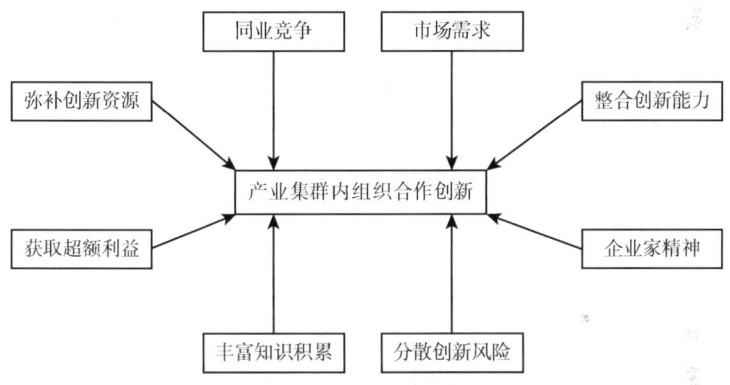

图4-1 产业集群内组织创新的动力

第三节 创新型产业集群组织合作创新的基础

产业集群内组织合作创新是一个共享资源、共同创新的过程,合作主体之间只有拥有充分的信任才能有效整合创新资源和创新能力从而使合作创新活动顺利开展,因此合作者之间的信任是决定合作创新成败的基础和关键。产业集群中合作创新行为的影响不局限于合作双方,有时可能出现三方或多方合作,合作关系具有复杂化、多元化的特点,组织间建立和巩固良好的信任关系显得尤为重要。在合作创新过程中，企业间的信任受到多种因素的影响，在不同合作创新阶段，影响因素或某一因素的影响程度不同。在合作协议阶段，影响因素主要包括合作关系、企业声誉、企业文化等，而在合作活动开展过程中，沟通协调、管理控制、战略合作关系建立等因素的影响非常重要。

一是，合作关系是基于以往合作形成的合作者之间的相互依赖程度。如果合作成员间存在紧密的合作关系，拥有着良好的信任基础，那么未来合作预期就较为强烈。同时，这种合作预期也会进一步增强组织间的信任。反之，成员企业间没有合作关系，缺乏良好的信任，一方有可能会对对方的行为质疑。这种质疑让他们在签订合作创新协议时犹豫和彷徨。

二是，企业声誉是企业在产业集群内的立足之本，是在漫长的生产经营和创新实践活动中逐渐形成的。企业声誉是组织选择创新合作者的重要依据。良好的企业声誉，表明其具备强大的研发能力、丰富的技术资源以及诚信的品质。若对方的声誉是未知的或不可靠的，企业就会通过其他的方式控制风险，势必会增加交易成本。因此，良好的企业声誉有助于降低交易成本、强化信任。产业集群中合作创新活动中良好的合作行为会提升企业信誉，良好的企业声誉增进合作者之间的信任，从而提升合作创新的成功率。因此，在签订合作创新协议时，对方的声誉是合作者考虑的主要因素。

三是，企业文化是一个企业或组织由其价值观、信念、仪式、符号、处事方式等组成的一个组织特有内容。每个组织都有其特有的组织文化，但也有相同的部分。在组织间合作创新的过程中，合作组织间的组织文化存在的共性越多，越容易形成良好的相互关系。

四是，沟通协调解决合作创新过程中发生的矛盾和争端，调整各自的期望，促进信任，形成良好关系从而顺利合作。沟通协调能够对合作者之间的相互信任起到积极作用。在合作创新活动中难免会遇到

第四章 创新型产业集群嵌入性影响组织合作创新的理论分析

相互猜疑的情况,导致企业对合作企业产生一种消极期望,从而降低对合作企业的信任度。但有效沟通能够让双方相互了解从而消除猜疑。

五是,管控能力。合作创新过程需要主导企业拥有较高的管控能力。当遇到有价值而高度脆弱的交易时,企业会采用管理控制的方式来处理合作中的信任问题。管理控制机制的选择与双方可信赖性评价有密切关系。管理控制分为正式的和非正式的,正式管理控制是指明确的规章制度,非正式管理控制则指不确定的规范和文化。在合作创新初期,由于企业间缺乏信息和合作经验,采用正式管理控制是必不可少的,这有助于增进彼此的信任。随着合作的深入,企业间消息交流逐步顺畅,正式管理控制会使交易成本居高不下,对信任产生阻碍,这时采用非正式管理控制则会降低交易成本,促进彼此的信任。

六是,战略合作关系。长期的全局性的战略合作关系有利于促进双方的信任,降低机会主义行为的危害,杜绝机会主义行为发生。在企业间合作创新中战略合作关系的形成是长期合作积累的结果。在这样的信任关系下,各成员企业间很可能用长期的全局性的战略合作关系来应对不公平,而不是通过短期机会主义行为。

产业集群中组织合作创新的基础是组织间的信任,企业声誉、企业文化、合作关系作为重要的因素,在选择合作创新伙伴时发挥着重要的作用。而沟通协调、管控能力以及建立战略合作关系作为增进信任重要的方式在合作创新过程中与信任度产生相互作用:一方面沟通协调、管控能力和建立的战略关系能够增进组织间的信任;而信任的提升有助于沟通协调、控制管理以及建立战略合作关系的发展。

第四节 创新型产业集群的社会网络结构

创新型产业集群并不是简单的企业扎堆现象,而是在产业战略考量下整个供应链上各个企业基于一种特定区域和特定组织关系所形成的一个有序体系。集群内部的各个主体之间通过正式和非正式的关系在产品、技术、信息、培训等方面实现一定的资源共享,风险共担,从而获得较强的核心竞争能力。集群内企业得益于集群网络支持可以获得更大的效益,随着集群网络的逐渐完善,集群得到进一步的发展。Jaffe 等学者通过案例研究认为在地域上具有关联优势的企业之间更容易实现知识溢出,而跨区域企业之间的知识自由流动却很难形成。欧洲创新研究小组认为集群内企业、供应商、客户及科研院所通过合作创新实现共同学习,受到相似背景和文化影响,可以形成共同预期从而强化创新意识。

一、创新型产业集群的正式网络结构

创新型产业集群正式网络是通过正式途径建立的相互联系,是集群信息沟通中的主要渠道,具有较高的透明性和公开性;在正式网络中传导的知识大部分都是显性知识,这种网络关系能够帮助集群创新活动的开展。如图4-2所示创新型产业集群内是多种组织构成的社会网络,企业是构成集群网络的主要组织,是集群创新活动的主要承担者。企业研发、采购、生产、销售或者消费产品活动中彼此之间存在复杂的交错联系从而形成市场网络。生产商主要是指从事技术创新活动的企业,是集群合作创新的核心组织,与供应商以及客户群体一起形成纵向的产业关系。而竞争者及科研院所和服务结构与其构成横向的产业关系。集群合作创新主体不仅包括纵向产业关系的组织合作,也包括横向产业关系的组织合作。不进行商品生产和销售的政府机构、研究部门以及相关的行业组织,对合作创新主体起到支持和引导作用。创新型产业集群中的网络主体具有多样性,其中最主要的是市场网络。市场网络中的企业之间既存在相互竞争的关系,也存在相互合作的关系，在一定的空间层面上相互影响、相互促进。

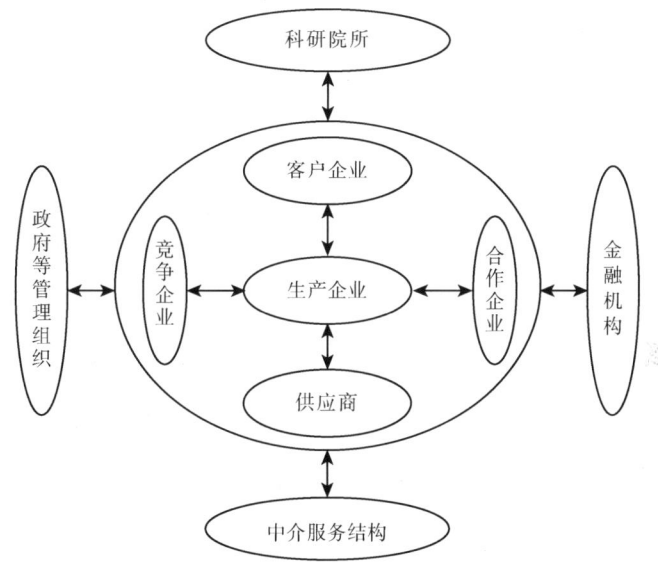

图 4-2 创新型产业集群的正式网络结构

二、创新型产业集群中非正式网络结构

创新型产业集群的非正式网络结构有多种类型，其中主要包括创新主体网络和服务创新主体网络，创新主体网络包括生产商知识、客商知识以及供应商知识等。服务创新主体网络主要包括政府组织、研究机构、大学以及相关的行业协会等，这些组织不直接参与企业的生产、销售与管理活动。对于集群内每个组织来说，都处于产业链中某个环节上，可能是相同行业内的合作者或者竞争者。跨组织的合作可以运行于产业链上不同的主体，既可能是生产商发起，也可能是来自供应商，抑或是大学等科研院所发起。他们在不断的学习和实践活动中通过组织与外界的合作创新活动来获取和传导知识，提升个体和集群创新绩效。集群内的不同企业之间由于人才相对流动，也会导致非

正式网络结构中的关键知识流向正式网络结构组织，从而对正式网络组织的创新活动产生影响。金融组织、政府机构以及相关的行业协会等组织尽管没有直接参与创新活动，但是他们在日常服务活动中会与很多企业存在千丝万缕的联系，通过长时间的接触，他们获得了大量的关于创新方面的知识，这些个体与创新企业中的个体通过私下的交流活动，就可以向创新企业输送大量的隐性知识。例如政府最新要采购的产品、一款产品的最新的设计风格、这个行业的最新资讯等。

第五节 创新型产业集群合作创新的关键影响因素

一、知识转移与合作创新

产业集聚有利于组织合作，组织合作促进知识转移，知识转移提升组织创新能力从而驱动产业集群发展，因此知识转移和组织合作创新之间相互促进。我国学者魏江构建了产业集群创新系统的结构和运行模式，指出知识转移是集群创新系统运行模式的核心子过程，对企业间合作研发及构建技术联盟具有重要影响。

产业集群内组织间的知识转移主要有两个方面。一是通过交流进行隐性知识转移。知识分为编码化的显性知识和非编码化的隐性知识。随着交通通讯和互联网的快速发展，显性知识可以在远距离间快速传递和扩散，但隐性知识只能通过面对面的交流获得。企业在合作创新活动中涉及大量隐性知识的输入，而这类知识必须通过面对面的交流才能被其他组织有效获取。因此为了提高创新成功率，企业需要与其在地理、知识源及价值观等各方面相容度较高的组织进行频繁互动来获得所需隐性知识。创新型产业集群内企业同处于一个区域内，具有相似的社会文化背景、产业背景及政治经济背景，而且他们之间

第四章　创新型产业集群嵌入性影响组织合作创新的理论分析

由于频繁的交往产生了一定的信任,这些都有利于隐性知识的转移。二是集群内组织合作过程中产生的知识溢出。在产业集群内,某一企业通过创新和开发所获得的新知识,很大一部分外溢出去,成为整个集群的公共知识。知识溢出也是一种知识转移的方式,只是这种知识转移是一种被动的转移。集群内部存在的知识溢出效应是促进集群创新网络发展和集群经济增长的最根本动力,是创新产出和生产率提高的源泉,也是产业集聚效应的主要动力之一,不仅决定集群规模,也影响集群内企业的生产函数。创新型产业集群内企业进行合作创新活动中,合作企业一方面彼此有众多机会接受对方在生产经营中的相关知识溢出,另一方面双方可能同时吸收集群内外部其他相关知识的溢出,这两方面都为彼此展开合作创新奠定了基础,在有关市场和技术发展的认识上彼此更加相容,进而有利于激发双边信任。

二、资源共享与合作创新

产业集群能否保持竞争优势的关键在于创新网络的规模和能力,以及集群内企业在创新网络中资源共享的能力。由于技术系统的复杂性使得单个企业难以完全控制,集群内各组织通过建立创新网络,使得技术和市场信息能够在创新网络成员间便捷传播。在产业集群中,单个企业的资金、人才和技术等创新资源有限,难以取得技术突破,即使取得技术突破也往往在开拓市场方面受到自身能力和资源的限制。而创新型产业集群内每个组织都拥有一定的创新资源和创新能力,并和其他组织存在一定的互补性,它们通过创新网络形成专业化的分工和紧密合作,类似于把其他企业的技术专长嫁接到自己的核心能力上,因此可以进行单个企业难以进行的创新项目。基于此,国内外许多学者从资源观角度提出了影响产业集群竞争优势的共享资源概念,认为共享性资源是产业集群内部那些为成员组织所共享的资源或能力，如集群整体品牌、创新知识、组织学习能力、竞合氛围等战略性集群资产，这类资源或能力对产业集群外部组织具有排他性，而对集群内部企业却具有公共物品特性。耿帅（2015）指出共享性资源通过直接作用于企业战略性资源而对企业的竞争优势产生间接的影响。共享性资源难以被群外企业模仿与替代，能够为集群内企业提供"李嘉图租金"，从而使得集群内企业借助共享性资源获得市场竞争的不对称优势，从而更利于其开展技术创新。当然，企业对集群的共享性资源或集体知识的分享是"异质的"，受到交易成本、社会网络、企业自身能力、企业参与度等因素的影响，因而表现为不同主体对共享性资源、集体知识的理解和应用能力不同。集聚成员开展合作创新一方面可以更好地融合其共同分享的创新资源，另一方面也可以互相弥补异质性造成的资源短缺和知识分散。

三、组织学习和合作创新

欧洲创新环境研究小组在 2003 年提出的"集体学习"概念，总结了产业集群内组织学习的机制和途径，认为产业集群内组织学习机制有以下四种：集群内企业员工从大公司或学校获得共同的工作或者培训经历；当地劳动力市场对集群内企业间劳动力流动的影响；当地学校或大企业对创建知识共享基础的影响；各种技术联盟以及客户制造商之间的交互关系对产业集群学习过程的促进。集群内组织学习是基于集群共享规则和程序所构成的知识积累的社会化过程，是集群创新网络和集群创新环境间的互动机制。技术创新过程的实质是知识创造与应用过程，技术创新的成功不仅取决于企业内部研究开发活动，更重要的是取决于企业与其他机构之间的相互作用。学习是企业知识积累和技术创新能力提高的主要途径。集群内企业和其他组织相互学习提升企业学习效果是集群成员的普遍活动。

第四章 创新型产业集群嵌入性影响组织合作创新的理论分析

产业集群内企业学习模式大致有四种。第一种是干中学、用中学，与生产过程相连。第二种是地缘学习，由于集群成员地域接近，成员有机会更便利地获得集群内部其他成员的知识。第三种是专业化学习，一些产业集群内部成员处于产业链上的不同位置，产业分工使集群成员知识更加专业，而又彼此互补，上下游企业的聚集为彼此提供了纵向的学习机会。第四种是交互作用的学习机制，一方面，处于集群网络节点的成员之间彼此学习获得新知识；另一方面，学习对象跨越产业集群的组织边界，集群成员与集群外界环境互通有无，获取外界知识。实际上，根植于集群本土文化特征的知识尤其是隐性知识是集群在全球竞争环境中谋取其持续竞争力的关键要素，由于集群内部存在适合知识转移与传播的网络组织结构、空间接近等因素，一旦集群外部新知识为知识的守护者所吸收，集群外的新知识通过知识守护者的译码，形成了集群内的共同语言变成在集群内可转移的隐性知识，集群外的知识也能演化为集群内的隐性知识，并在集群内部进行传播。因此集群中的知识守护者决定了集群整体的创新能力，而培育并激发集群内的企业成为守护者对集群持续竞争力的培育具有十分重要的作用，所以集群企业间进行相关的创新合作的深度和数量，与合作方在集体学习中所扮演的角色和承担的功能非常相关。

随着企业创新越来越复杂，创新风险不断加剧，为提升创新成功率，企业必须动态调整其创新战略和创新方案，而这要求企业不断地增加新知识。企业学习是企业为了实现长期发展战略，获得持续竞争力，对外部知识进行获取、吸收、整合、应用及创造的一系列活动。很多学者对企业学习能力和创新绩效之间的关系进行了理论研究和实证分析，绝大部分的研究结果证明企业学习能力促进了创新绩效的提升。Nevis等学者认为企业学习历经知识获取、知识吸收和知识应用、知识创造四个阶段，以丰富企业现有知识储存和更新，从而提升企业创新能力。Cohen等认为企业学习在既有经验的基础上，辨识、获取外部知识并将其进行消耗、吸收、整合和创造的新知识,对开发符合市场需求的新产品具有积极作用。而知识的整合能力可将企业已有知识和外部知识加以整合并将其体现在新产品开发中,能够提升新产品的成功率。即知识的吸收和整合能力,在企业搜寻和运用内外部知识与信息并将其运用在新产品开发的过程中起到关键性作用。Mckee 等学者认为学习导向对企业技术创新和管理创新具有显著影响,组织学习是企业维持创新的关键因素。Glynn 认为企业学习能力不仅影响创新的初始阶段,还影响创新的执行阶段。知识整合能力可将嵌入在组织内外部的知识予以整合并在新产品开发中进行运用,从而提升新产品的成功率。Hunt 认为新产品开发是企业学习的结果,学习能力是企业非常重要且复杂的一项能力,通过企业学习可以创造竞争优势。Nevis 等认为企业学习是用以维持和改进创新绩效的程序,企业通过学习可以更加了解与满足顾客需求和竞争者的现状,从而提升新产品竞争力。

第六节 创新型集群嵌入性对企业学习的影响

根据前述内容可知,产业集群嵌入性有关系嵌入性、结构嵌入性、认知嵌入性、组织嵌入性、社会嵌入性、制度嵌入性、地理嵌入性、环境嵌入性、网络嵌入性和双向嵌入性等等。根据组织学习的方式和过程,可以看出对组织学习影响较大的主要有环境嵌入性、结构嵌入性和双向关系嵌入性。下面就三种嵌入性对创新型产业集群内组织间学习的影响进行分析。

一、环境嵌入性对企业学习的影响

环境嵌入性是指集群企业的行为嵌入于特定的环境文化下,企业的行为选择受集群商业文化等的影响。某个创新型集群所拥有的商业

第四章　创新型产业集群嵌入性影响组织合作创新的理论分析

惯例、公共制度、独特产业氛围是集群发展演进的结果。集群成员学习行为受到政治、经济、文化的影响。在组织学习的过程中，无疑会受到产业集群环境嵌入特征的影响，同时这种影响具有地域差异性。第一，地方性商业惯例形成了活动主体约定俗成的行动指南，企业在遵守这些惯例的前提下进行学习。同时地方性商业惯例也影响企业内部运营惯例，两者相互结合共同影响企业学习。第二，地方性公共制度作为一种公共资源对集群企业的经营活动和行为进行引导或限制。

公共制度对组织学习的影响体现在几个方面：第一，可以提升组织学习的积极性。如可以制定优惠政策鼓励企业主动学习，也可以制定竞争政策促使企业学习，或者制定区域发展战略和创新战略引导组织学习的方向和领域等；第二，公共制度可以解决知识创造的外在性，如为研发机构提供研究经费，促进新知识的产生，制定相关政策鼓励产学研合作与互动，从而促进组织学习；第三，消除学习障碍，提升学习效率，如提供企业学习资料，开放学习平台，帮助企业寻找学习对象等；第四，经过长期发展形成的独特产业氛围为成员企业或从业人员提供商业运营知识和成功判断标准，这种氛围一方面提供了开创新业务的必要知识，另一方面也提供了如何通过分工合作组织生产，进而获得商业成功的指南。

二、结构嵌入性对企业学习的影响

结构嵌入性作为一种战略性资源，影响企业学习能力和学习绩效。创新型集群既是一个由多个组织组成的创新系统，它们之间也构成了一个复杂的社会关系网络。某一企业在创新型产业网络中的结构特点和差异决定了该企业学习能力和学习绩效的差异，对企业学习深度和广度具有重要影响。

首先，集群企业间频繁联系，一方面加强了组织间原有合作的强度和效果；另一方面也促进了新合作关系的产生。联系越频繁，越加深双方的熟悉程度，也越增进双方的互信度，从而提升学习的广度和深度。其次，企业间联系的密切程度，能够推动合作双方之间信息的透明度提高，有利于实现知识的分享。再次，企业位于网络的中心性程度影响合作关系建立和维护的成本。企业在创新型产业集群网络中的中心度决定其对合作伙伴的影响力。在集群内组织学习的过程中，企业的网络中心程度是其他成员判断该企业在学习活动中地位的主要标准，如果一家企业在集群网络中的中心程度较高，对其他组织的影响力就较大，这种影响力就可能降低该企业在建立和维护合作关系时的成本费用。最后，集群企业在网络中拥有的结构洞数量，决定着企业获得外部信息的数量和层次。一方面企业可以根据结构洞的位置对建立外部联系进行相对精确的判断，获取更为有价值的知识和信息；另一方面，桥梁作用的发挥使企业合作伙伴可以从合作中获得更多其他关系无法获得的知识渠道，从而获取更为丰富的知识。

三、多边关系嵌入性对企业学习的影响

根据现有研究成果可以归纳出多边嵌入性对学习能力的影响主要有以下几点：第一，产业集群内企业间的关系持续时间越长，合作的频率越高，合作的强度越大，彼此之间的信任度就越高，而高度信任为企业获取更多的隐性知识提供了便利。因为互相信任的双方交流和磋商的真诚度很高，新知识与敏感信息传递的可能会就会加大；同时，信任提高了企业获取外部知识的准确性、可靠性和质量。再者，当互相信任的一方遇到困难时，对方会倾力相助，这样就会有利于困难的解决，同时也增加了知识的整合和运用。第二，企业间长时间的关系维持及高频率、高强度的合作，互相交流的信息更为频繁，涉及的内容更为丰富和深刻，核心信息也相应增加。许多研究成果证明，

组织间关系嵌入性越强，企业间越会分享异质性知识和新信息，这些知识将更加丰富企业现有知识储存，并提升企业整合和运用知识的效果。第三，知识大多嵌入于企业的人员、工具和任务三大基本要素中，并存在于互相交织、互相作用的网络中，相对于嵌入个人和工具中的知识而言，嵌入在任务的知识要复杂得多。而嵌入任务中的复杂知识需要组织间的持续互动才能实现，组织间合作的频率和强度决定了嵌入任务中的复杂知识的流动性，从而对企业新知识的吸收和整合起到了关键作用。随着关系嵌入性的不断加强，共同解决问题的机会和频率不断增加，企业间就会形成双方认可的行为规范和价值观，这些都有利于隐性知识的转移。

第七节 嵌入性、企业学习与合作创新的关系

根据以上论述可以看出，影响创新型产业集群的嵌入性主要有三种：环境嵌入性、网络嵌入性和多边嵌入性，环境嵌入性和结构嵌入性之间存在着交互作用，多边关系嵌入性同时受环境嵌入性和网络嵌入性影响；三种嵌入性影响企业学习的能力和效果进而影响合作创新，组织学习是组织在合作创新过程中对外部知识的获取、储存、整合、应用和创造的一系列活动，学习能力的高低直接决定企业创新所需的知识，因此企业学习不仅直接影响合作创新绩效，还影响嵌入性和合作创新之间的关系。根据以上逻辑关系，笔者构建如图4-3所示的嵌入性、企业学习和合作创新的理论关系。

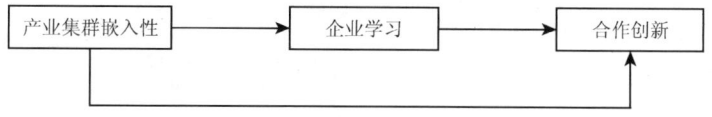

图4-3 产业集群嵌入性、组织学习和组织合作创新的理论框架

创新型产业集群嵌入性
对组织间合作创新的
影响研究
Chapter 5

第五章 创新集群嵌入性影响组织合作创新的实证检验

本章首先在前述内容的基础上，结合现有文献研究成果，对环境嵌入性、结构嵌入性和双向嵌入性对合作创新的影响、三种嵌入性对组织学习的影响、组织学习对合作创新绩效的影响及组织学习在嵌入性与合作创新之间的中介作用提出系列假设，然后设计相应变量和测量量表，据此设计问卷，对样本企业进行问卷调查，利用所搜集数据对理论模型进行实证检验，最后对检验结果进行分析。

第一节 提出假设

根据现有文献综述、嵌入性形成机理、嵌入性、组织学习与合作创新的理论模型，笔者提出嵌入性相互影响假设，嵌入性对企业学习的影响假设及嵌入性、企业学习对合作创新影响的假设，如图5-1所示。

一、嵌入性之间的相互影响

H1：环境嵌入性对结构嵌入性具有显著影响；
H2：环境嵌入性对多边关系嵌入性具有显著影响。

二、嵌入性对合作创新绩效的影响假设

H3：环境嵌入性对集聚区企业合作创新绩效产生显著积极影响；
H4：结构嵌入性对集聚区企业合作创新绩效产生显著积极影响；
H5：多边嵌入性对集聚区企业合作创新绩效产生显著积极影响。

三、嵌入性对组织学习的影响假设

H6：环境嵌入性对组织学习能力产生显著积极影响；

H7：结构嵌入性对组织学习能力产生显著积极影响；

H8：多边关系嵌入性对企业学习能力产生显著积极影响。

四、组织学习对合作创新的影响假设

H9：组织学习能力对合作创新具有积极影响。

五、组织学习能力的中介作用假设

H10：组织学习在环境嵌入性对合作创新的影响中起到中介作用；

H11：组织学习在结构嵌入性对合作创新的影响中起到中介作用；

H12：组织学习在双向嵌入性对合作创新的影响中起到中介作用。

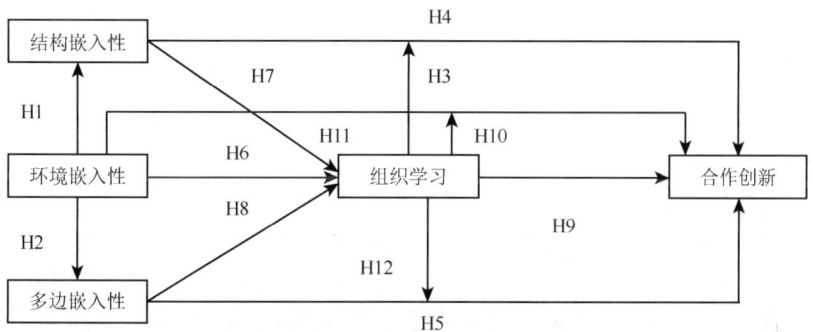

图 5-1　各种假设之间的关系

第二节　变量设计及测度

根据现有研究成果，笔者设计了环境嵌入性、结构嵌入性和双向嵌入性三个嵌入性变量、知识吸收能力和知识整合能力两个学习能力变量和一个合作创新变量,对各变量的测度均采用 7 级李克特量表法,从 1~7 代表非常低、较低、一般、高、较高和非常高。为了更具有操作性,笔者基于现有研究成果,并结合我国创新型产业集群组织合作创新的特征,为每个变量设计了若干个问项,旨在通过这些问题对各变量进行较为准确的测度。

一、环境嵌入性变量设置

环境嵌入变量主要由产业集群合作创新文化、制度和氛围三部分内容构成,根据现有文献研究成果,笔者从五个维度测量创新型产业集群的文化嵌入性:冒险精神、集体导向、成就欲望、长期导向、包容性。对制度嵌入性从产业集群制度体系的健全性、科学性和有效性三个维度进行测量。产业集群合作创新氛围从组织内合作创新的传统、集群成员对合作创新的了解和信心、集群成员参与合作创新的平台三个方面进行测度。根据相关研究成果和对创新型产业集群的访谈情况,笔者对各维度设计了如表 5-1、表 5-2 所示的问项。

表 5-1　　　　　　　产业集群文化的测量问项

冒险精神	产业集群对组织合作创新的激励程度
	产业集群对组织合作创新失败的容忍度
集体导向	当集群利益和公司利益发生冲突时,集群利益的相对重要性
	集群内企业对集群整体利益的重视程度
成就欲望	对集群内各组织内积极进取、非常想成功的年轻人的重视程度
	集群内各组织公司高层对创新成功的向往程度
长期导向	集群内组织战略的重要性
	集群内企业开发新产品的重要性
	集群内建立和维护长期合作关系的重要性
包容性	企业进入产业集群的便利性
	集群对新进企业的关注度

表 5-2　产业集群制度的测量问题

制度体系	产业集群对组织合作创新进行激励的制度体系多元化程度
	产业集群对组织合作创新进行激励的制度体系有效性程度
	产业集群对组织合作创新进行引导或限制的制度体系科学程度
平台建设	产业集群构建的合作创新平台的多元性
	产业集群内组织参与合作创新平台的积极性
	产业集群在协调群内组织和外部关系的重要性

二、结构嵌入性变量的设计

根据现有研究成果和实地调研的情况，笔者从产业集聚区内企业与其他组织联系的频率和密切程度两个维度测度关系嵌入性，从企业网络中心性程度和"结构洞"掌控两个维度设置结构性嵌入性，并对每个维度设置了如表 5-3 和表 5-4 列示的问项。

表 5-3　结构嵌入性测度问项

网络中心度	上下游企业对公司需求和供应的依赖度
	公司从外部收集信息的容易度
	公司在提出合作创新建议时相关组织的响应度
	公司在合作创新过程中对其他组织的影响度
结构洞的掌控	公司参与非直接联系的频率
	非直接联系对公司创新的重要性
	公司通过非直接联系获取知识的重要性

三、多边嵌入性变量设

多边关系嵌入是指集群内以某组织和其他组织之间的关系根植性

对合作创新的影响。根据学者们对多边关系嵌入性的研究结论和测度方法，基于实地调研情况进行适当修正后，笔者从信任、相容性和互惠性三个维度测度组织多边嵌入性，设置了如表5-4列示的问项。

表5-4　　　　　　多边关系嵌入性的问项设计

联系频率	企业与上下游企业及同业竞争者联系的频率
	企业与科研院所联系的频率
联系密切程度	企业与上下游企业及同业竞争者联系的密切程度
	企业与科研院所联系的密切程度
信任	合作伙伴的忠诚度
	合作问题的重要性
	合作伙伴的依赖度
相容性	合作伙伴价值观的相同程度
	合作伙伴创新能力的相似度
	合作伙伴创新战略的相似度
互惠性	合作伙伴投入创新资源的积极性
	合作伙伴在合作创新过程中的努力程度
	合作伙伴对合作创新活动的满意度

四、学习能力变量测度

组织学习是组织不断获取知识、改善自身行为以保持可持续发展的过程。组织学习能力主要包括外部知识吸收能力和内外部知识整合应用能力。吸收能力包括组织发现、辨识和获取外部知识的能力，而整合能力则是组织将吸收的外部知识和内部知识相结合解决问题和创造出新知识的能力。企业是创新型产业集群组织合作创新的主要主体，因此笔者根据现有研究成果设计了企业学习能力的测量问项，如表5-5所示。

表 5-5　　　　　　　　组织学习能力测度表

吸收能力	企业对外部知识的重视度
	企业现有知识储备的丰富程度
	企业对外部知识的敏感度
	企业获取外部知识的便利性
整合能力	企业外部知识和内部知识的邻近性
	企业内外部知识整合系统的有效性
	企业内外部知识整合对企业发展的促进作用

五、合作创新绩效测度

合作创新绩效是两个或两个以上的企业为了共同的利益，在合作基础上分享企业间互补创新资源和创新能力所产生的创新成果。合作创新不同于企业独自创新，因此合作创新绩效的测量和一般创新绩效的测度也有很大不同。根据学者们对合作创新绩效的研究思路和测度方法可以看出，企业能否从合作创新活动中获取收益以及在合作创新过程中是否受到尊重是企业愿意合作的主要因素。基于此，笔者设计了如表 5-6 所示的问项进行测度合作创新绩效。

表 5-6　　　　　　　　　合作创新绩效测度

合作创新绩效	合作对提升新产品收入比重的贡献度
	合作对知识储存的贡献度
	合作对新产品满足市场需求的贡献度
	合作对增加研发费用投入的贡献度

第三节 样本分析

一、样本构成

为了进行验证上述12个假设,笔者对北京市、上海市、广东省、河南省、山东省等五省市的20家入选第一和第二批创新型产业集群试点的产业集群内80家正在或曾经进行过合作创新的企业和其他组织进行问卷调研,这些样本企业涉及了电子、制药、家电制造、新材料及新能源等5个行业。调查对象主要是企业的研发部经理、外联部经理、研发人员、销售人员和生产人员,他们是合作创新的主要参与者和领导者,对合作创新有切身的体会。在大规模发放问卷之前,笔者选择了郑州市创新型产业集聚区的10家企业进行了预调研,根据预调研的结果对问卷的信度和效度进行检验并对问卷进行修改。本次问卷均采用现场填写的方式进行,因为现场填写可以向被调研者解释问卷中的问题,同时也可以监督填写现场,确保问卷的质量。本次调研历经3个月,包括笔者和学者在内近30名人员参与了此次活动。调研共发放问卷200份,收到问卷180份,有效问卷150份,有效样本中的企业结构如表5-7所示。

表5-7　　　　　　　　样本企业的结构

		样本数量	所占比例（%）
企业性质	国有企业	20	25
	民营企业	50	62.5
	外资企业	6	7.5
	其他	4	5
企业规模	大企业	15	18.75
	中小企业	65	81.25

续表

		样本数量	所占比例（%）
入区时间	1年以下	15	18.75
	1~5年	35	43.75
	5~10年	20	25
	10年以上	10	12.5
所在行业	电子	26	32.5
	家电	15	18.75
	制药	21	26.25
	新材料	10	12.5
	新能源	8	10
合作时间	不到1年	35	43.75
	1~5年	44	55
	5年以上	5	6.25

二、问卷效度和信度分析

在对问卷进行数据分析前，必须考察问卷的样本数据是否具有较高的信度和效度，以确保测量质量。本书构建的量表是在现有文献的基础上，结合预调研研究结果进行修正和完善完成的，而且采用现场填写，填写过程中有专人进行辅导，另外被调研人员均是合作创新的参与者和管理者，可以认定该问卷数据的效度是可以接受的。

为了检验问卷的信度，笔者采用 Cronbach's Alpha 系数和组合信度（Composite Reliability，CR）两个指标来检验问卷数据的信度。利用 SPSS15.0 分析软件对样本数据进行计算，得出各个变量的 α 系数和 CR 系数如表 5-8 所示。可以看出，所有变量的系数均高于要求，说明问卷数据的信度符合要求。

表 5-8　　　　　　　　各变量的信度检验

	α 系数	CR
环境嵌入性	0.89	0.89
网络嵌入性	0.92	0.88
双向嵌入性	0.89	0.91
学习能力	0.65	0.81
合作创新绩效	0.88	0.71

第四节　实证检验

为了检验以上假设，本书分两步进行实证检验：第一部分检验嵌入性、组织学习对合作创新绩效的直接影响。笔者采用结构方程模型，运用 AMOS 分析软件检验嵌入性之间的影响、嵌入性对合作创新绩效的影响、组织学习能力对合作创新绩效的影响；第二部分检验学习能力在嵌入性和合作创新绩效之间的中介作用，采用多元逐层回归分析方法，运用中介效应检验程序对组织学习的中介作用进行检验。

一、检验嵌入性、组织学习对组织合作创新绩效的直接影响

（一）模型初步拟合度检验

笔者运用 AMOS 程序对构建的假设模型进行检验，拟合结果如表 5-9 和表 5-10 所示。从表 5-9 可以看出，初始模型拟合的指标均可接受。从表 5-10 中可以看出，环境嵌入性对组织学习的影响、结构嵌入性对组织学习的影响两个系数相应的 C.R. 值小于 1.96 的参考值，在 $P \leq 0.05$ 的显著水平下没有显著性，没有达到结构方程模

型拟合要求。

表 5-9　　　　　　　　　初步拟合结果

拟合指标	指标值	判断准则
拟合优度卡方检验 χ^2	317.495	
自由度 DF	195	
χ^2/DF	1.63	介于 1~3 之间，可以接受
拟合优度指数 GFI	0.986	接近 0.9 可以接受
近似误差均方根 RMSEA	0.066	小于 0.08 可以接受
非正态化拟合指数 TLI	0.982	大于 0.9，很好

表 5-10　　　　　　　　　初步路径系数

路径	标准化路径系数	C.R.	P
环境嵌入性—多边关系嵌入性	0.451**	4.387	0.000
环境嵌入性—结构嵌入性	0.307**	3.175	0.001
环境嵌入性—合作创新	0.217**	3.531	0.003
结构嵌入性—合作创新	0.430**	2.812	0.000
多边关系嵌入性—合作创新	0.034**	5.120	0.002
环境嵌入性—组织学习	0.043	0.536	0.581
结构嵌入性—组织学习	0.031	0.431	0.501
多边关系嵌入性—组织学习	0.321**	2.976	0.302

（二）正式检验

由模型的初次检验结果显示环境嵌入性和结构嵌入性对组织学习的影响不显著，因此笔者对假设模型进行了多次修正，最后模型的拟合度结果如表 5-11 所示。从表中可以看到，反映模型拟合度指标分别为 $\chi^2(80) = 257.495$，RMSEA = 0.06，GFI ≈ 0.9，AGFI ≈ 0.9　TLI = 0.933NFI = 0.9CFI = 0.906，可见拟合效果较好，可以用来估计各变量之间的关系。于是笔者利用该模型对假设 1 至假设 7 进行了检验，得到各变量之间的路径系数,见表5-12。

表5-11　　　　　结构方程模型的拟合指标

拟合指标	指标值	判断准则
拟合优度卡方检验 χ^2	257.495	—
自由度 DF	130	—
χ^2/DF	1.981	介于1~3之间,可以接受
拟合优度指数 GFI	0.894	接近0.9可以接受
调整的拟合优度指数 AGFI	0.86	接近0.9可以接受
近似误差均方根 RMSEA	0.066	小于0.08可以接受
非正态化拟合指数 TLI	0.933	大于0.9,很好
标准拟合指数 NFI	0.893	接近0.9可以接受
相对拟合指数 CFI	0.906	大于0.9,很好

表5-12　　　　　结构方程模型中的路径系数

路径	路径系数	C.R.	P	对应假设	检验结果
环境嵌入和结构性嵌入	0.85	0.237	0.601	H1	不成立
环境嵌入和多边关系嵌入	0.46*	11.234	0.001	H2	成立
环境嵌入和合作创新绩效	0.312	0.314	0.711	H3	不成立
结构嵌入和合作创新绩效	0.823**	6.351	0.002	H4	成立
多边嵌入和合作创新绩效	0.825**	3.412	0.000	H5	成立
学习能力和合作创新绩效	0.512**	12.017	0.001	H6	成立
环境嵌入和学习能力	0.650**	10.451	0.002	H7	成立
结构嵌入和学习能力	0.342**	9.512	0.004	H8	成立
多边嵌入和学习能力	0.458**	8.981	0.001	H9	成立

* 为 $P=0.01$ 的显著性水平上有效,** 为 $P=0.05$ 的显著性水平。

(三) 检验结果

从表5-12中可以得出以下结论:

1. 创新型产业集群嵌入性之间的影响。从表5-12中可以看出,环境嵌入性对结构嵌入性的影响系数是0.85,C.R. = 0.237,P =

0.601。P 值大于 0.05 的显著性水平，说明创新产业集群的环境嵌入性对集群网络结构没有显著性影响，假设 1 不成立；环境嵌入性对多边关系嵌入性的影响系数为 0.46，C.R. = 11.234，P = 0.001，小于 0.05 的显著性水平，因此可以推断创新型产业集群的环境对集群成员之间的关系具有显著影响，假设 2 成立。

2. 创新型产业集群嵌入性对组织合作创新的影响。表 5 – 12 显示，环境嵌入性对组织合作创新的影响系数为 0.312，C.R. = 0.314，P = 0.711，大于显著性水平，说明环境嵌入性对集群合作创新的影响不显著，假设 3 不成立；结构嵌入性和多边关系嵌入性对集群组织合作创新的影响系数分别为 0.823 和 0.825，C.R. 分别为 6.351 和 3.412，P 值分别为 0.002 和 0.000，均小于显著性水平 0.05。说明结构性嵌入和多边关系嵌入对集群合作创新的影响是显著的，假设 4 和假设 5 是成立的。

3. 组织学习能力对合作创新绩效的影响。表 5 – 12 显示学习能力对创新型产业集群组织合作创新绩效的影响系数是 0.512，C.R. = 12.017，P = 0.001，说明学习能力对合作创新绩效的影响是显著的，假设 6 是成立的。

4. 嵌入性对创新型产业集群组织学习的影响。表 5 – 12 显示，环境嵌入性、网络嵌入性和多边关系嵌入性对组织学习能力的影响系数分别为 0.65、0.342 和 0.458，C.R. 分别为 10.451、9.512 和 8.981，P 分别为 0.002、0.004 和 0.001，均小于显著性水平 5%，说明三种嵌入性对组织学习的影响均显著，假设 7、假设 8 和假设 9 是成立的。

二、学习能力的中介作用检验

为了检验假设 10 至假设 12，笔者根据温忠麟等学者提出的中介效应检验程序进行检验，以嵌入性为自变量、合作创新绩效为因变量、组织学习为中介变量，通过构建四种回归模型，通过多步回归分析，逐步检验组织学习在不同嵌入性与合作创新绩效之间的中介作用，为了构建模型的需要，笔者把环境嵌入性、网络嵌入性和多边嵌入性分别设为 X1、X2、X3，把组织学习能力设为 M，把合作创新绩效设为 Y，通过检验的结果如表 5-13 所示。

首先检验组织学习在环境嵌入性与合作创新绩效之间的中介作用。第一步，构建并检验环境嵌入性和合作创新绩效之间的回归模型，回归结果为 $\alpha_1 = 0.562$，$p = 0$，表明环境嵌入性影响合作创新绩效。第二步，构建并检验环境嵌入性、企业学习和创新绩效的关系，回归结果 $\alpha_2 = 0.615$，$\alpha_3 = 0.638$，且达到显著性水平，说明环境嵌入性对合作创新的影响至少有部分是通过对企业学习的影响实现的。第三步，检验学习能力的中介作用，构建并检验环境嵌入性、学习能力共同对合作创新绩效的影响模型。检验结果为 $\alpha_4 = 0.223$，$\alpha_5 = 0.451$，两者都达到显著性水平，但 α_4 明显小于 α_1，说明环境嵌入对合作创新的影响有一部分是通过企业学习实现的，中介效应占总效应的比例为 $0.615 * 0.451 / 0.562 = 49.35\%$，即学习能力的中介作用占 49%，假设 10 成立。

接下来，笔者用同样的方法检验了学习能力在网络嵌入性和合作创新绩效之间的中介作用。发现网络嵌入性的总效应 $\alpha_6 = 0.621$，网络嵌入对组织学习的影响系数 $\alpha_7 = 0.561$，组织学习对合作创新的影响系数 $\alpha_8 = 0.723$。检验表明在组织学习的作用下，网络嵌入性对合作创新绩效的影响 $\alpha_9 = 0.218$，而组织学习的影响系数 $\alpha_{10} = 0.456$。因此组织学习的中介效应所占比例为 $0.561 * 0.465 / 0.621 = 42\%$，假设 11 成立。

最后笔者用同样的方法检验了组织学习在多边嵌入性和合作创新绩效中的中介作用。发现多边嵌入性对合作创新的影响因子为 $\alpha_{11} =$

0.815，多边嵌入性对组织学习的影响因子 $\alpha_{12} = 0.732$，组织学习对合作创新绩效的影响系数 $\alpha_{13} = 0.819$，在组织学习的中介作用下，多边嵌入对合作创新绩效的影响系数 $\alpha_{14} = 0.491$，组织学习对合作创新绩效的影响系数 $\alpha_{15} = 0.512$，组织学习的中介效应占总效应的比重 = $0.732 * 0.512/0.815 = 45.99\%$。说明组织学习对多边嵌入性和合作创新绩效的关系存在一定的中介作用，假设12也同样成立。

表 5-13　　　　组织学习在嵌入性与组织合作创新绩效中的中介作用

自变量	因变量	模型	回归系数	显著性水平	F 值	调整后的 R^2
环境嵌入	合作创新绩效	Y = a1X1 + b	0.562（a1）	0.000	61.771**	0.310
环境嵌入	组织学习	M = a2X1 + b	0.615（a2）	0.000	84.903**	0.442
组织学习	合作创新绩效	Y = a3M + b	0.638（a3）	0.000	81.934**	0.219
环境嵌入	合作创新绩效	Y = a4X1 + a5	0.223（a4）	0.001	78.021**	0.335
组织学习		M + b	0.451（a5）			
结构嵌入	合作创新绩效	Y = a6X2 + b	0.612（a6）	0.001	54.222**	0.198
结构嵌入	组织学习	M = a7X2 + b	0.561（a7）	0.000	36.665**	0.332
组织学习	合作创新绩效	Y = a8M + b	0.723（a8）	0.000	56.712**	0.118
结构嵌入	合作创新绩效	Y = a9X2 + a10	0.218（a9）	0.000	45.713**	0.431
企业学习		M + b	0.456（a10）	0.000		
结构嵌入	合作创新绩效	Y = a11X3 + b	0.815（a11）	0.000	92.076**	0.314
多边嵌入	企业学习	M = a12X3 + b	0.732（a12）	0.001	80.720**	0.409
组织学习	合作创新绩效	Y = a13M + b	0.819（a13）	0.000	75.008**	0.438
多边嵌入	合作创新绩效	Y = a14X3 + a1	0.491（a14）	0.116	560421**	0.193
组织学习		5M + b	0.512（a15）	0.000		

注：** 表示显著性为5%的显著性水平

第五节　实证检验结果分析

笔者利用样本数据首先通过结构方程模型对创新型产业集群嵌入性、组织学习和合作创新绩效进行检验，然后通过逐层多元回归分析法对组织学习的中介作用进行检验，结合现有研究成果和实地观察及走访，笔者对以上实证结论进行分析。

第一，环境嵌入性影响多边关系嵌入性，但对结构性嵌入的影响并不显著。这可能是因为良好的创新型产业集群的合作文化、制度和平台建设有利于组织之间的交流和合作，但对某个企业在集群网络中的地位及其所掌握的结构洞主要受制于该企业自身创新能力和对其他组织的控制力，产业环境对此影响不大。

第二，结构嵌入性对企业合作创新具有显著的积极影响。创新型产业集群中合作创新网络的规模、某个企业在该网络中的地位和影响力等对集群成员参与合作创新的积极性和效果均有显著影响。这可能因为结构性嵌入影响企业在合作创新过程中新知识获取的便利性。

第三，多边关系嵌入性对企业合作创新具有显著的积极影响。多边嵌入性主要指创新型产业集群中某一企业在合作创新过程中与合作伙伴的互动关系对合作创新绩效的影响。良性的多元化的互动关系取决于双方的信任度、相容性和互惠性。具有较高信任度的企业在合作过程中相互忠诚、相互关心，共同解决问题时能够尽力而为，这是合作创新对合作伙伴的基本要求，而信任的基础是互惠性，只有在创新过程中大家都能够获取一定的利益，才会持续合作，从而才有可能通过多次合作建立并培养信任。相容性是信任持续提升的必要条件，只有合作双方在知识、能力、管理模式、创新模式等方面相近，且在价值观上相容，企业才有可能多次合作并形成一定的信任度。

第四，环境嵌入性对企业合作创新的直接影响不显著。说明创新型产业集群的文化氛围或许只是刺激企业合作创新，但企业是否参与创新活动更多是基于自身需求。创新政策及创新平台同样属于企业合作创新的外部因素，相关政策对企业只能起到引导作用，而创新平台也只是为企业参与合作创新提供了机会和渠道，企业是否参与要基于合作创新的收益、风险及成本的付出。

第五章　创新集群嵌入性影响组织合作创新的实证检验

第五，组织学习直接影响企业合作创新绩效。在结构方程模型和逐步回归分析中均表明，组织学习能力和合作创新绩效正相关。说明企业在合作创新过程能够获取新知识和新技能，合作创新具有的示范效应对合作企业尤其是中小企业的创新能力提升具有重要作用。企业通过合作创新获取的新知识和原有的知识储备相结合，可以创造出新知识并在合作伙伴之间进行传播和扩散，其他合作伙伴吸取新知识并和自己的旧知识整合从而创造出更多新知识，这样就会有更多新知识运用于合作创新活动中，从而提升合作创新绩效。

第六，组织学习能力在环境嵌入性与合作创新绩效之间起到显著的中介作用。笔者通过多步回归分析程序检验了组织学习的中介作用，发现组织学习能力在创新型产业集群嵌入性和合作创新绩效之间的中介作用非常明显。尤其是在环境嵌入性和合作创新绩效之间的中介作用达到了50%。说明环境嵌入性虽然对合作创新绩效的直接作用不显著，但创新型产业集群的文化氛围对组织学习的影响很大，良好的文化环境不仅能够促使组织积极学习，还能为改善组织学习效果。创新合作平台也能为组织学习提供渠道和机会，而组织学习对合作创新绩效的影响非常显著，因此通过组织学习的中介作用，环境嵌入性能够显著影响创新型产业集群内组织间的合作创新。

第七，组织学习能力在网络嵌入性与合作创新绩效之间起到显著中介作用。本项目的检验结果同样表明，组织学习在结构嵌入性对合作创新绩效的影响中占42%。创新型产业集群的结构嵌入影响组织学习获取的知识类型和知识数量，进而影响合作创新绩效。规模较大的网络规模能够使企业学习到更多新知识，而其在合作网络中的地位则影响组织学习中获取知识的质量，结构洞的控制数量则直接影响企业获取新知识的广度和深度，因此产业集群的结构嵌入性影响企业获取新知识的数量和质量，而新知识的数量和质量直接影响知识整合效果和新知识的创造，并最终影响合作创新绩效。

第八,组织学习能力在多边关系嵌入性与合作创新绩效之间起到显著中介作用。企业与合作伙伴的信任度越高,在合作过程中越向对方开放,企业从中获取的新知识就会越多,质量也会越高,同时在互赢和互惠的合作中,彼此共同解决问题,知识共享,能够获取更多的隐性知识,而这些知识对合作创新来说十分关键。因此在双向嵌入性对合作创新绩效的影响中,企业学习的中介作用占到45%,仅次于在环境嵌入性对合作创新绩效影响中的中介作用。

创新型产业集群嵌入性
对组织间合作创新的
影响研究
Chapter 6

第六章 创新型产业集群合作创新案例分析

创新型产业集群嵌入性对组织间合作创新的影响研究

前面笔者从理论的视角分析了创新型产业集群嵌入性、组织学习对组织合作创新的影响。为了深入了解现实中的创新产业集群组织合作创新的运行机制，本书以美国硅谷和我国中关村两个非常成功的创新型产业集群为案例，分析其组织合作创新的环境、合作网络对合作创新成功的影响，总结其成功经验，为推动我国创新型产业集群内组织合作创新持续发展提供借鉴。

第一节　硅谷合作创新案例分析

硅谷是美国著名的高新技术产业组织的集聚地，位于美国加州，从旧金山延绵到圣何塞市，面积约为 1500 平方英里，集聚 244 万人口。硅谷在二十世纪初期是美国军方的研发基地，主要有一些专门研究生产军事用途的无线通信器材的企业。五十年代，斯坦福大学决定将土地租赁给高科技公司建立工业园区，并且在工业园区内鼓励大学与企业紧密合作研发各种项目，使得教学、研究和应用一体化，较为快速地产生经济和社会效益，惠普、柯达以及通用电子等企业纷纷进驻工业园区，吸引了大批学术人才，这样也使得斯坦福大学置身于美国微电子工业和世界最先进人才和最尖端技术的集散地，现在硅谷成为世界半导体集成电路、计算机等制造技术和研究开发的中心，其中家用电脑、无线电话、激光技术、网络计算机和生物医学一大批高新技术和产品诞生于此，众多的世界顶尖的大公司如英特尔公司、苹果公司、思科公司和雅虎公司也都在这里培育。现在，世界各国都在密切注视着硅谷高新技术的发展动向，全球的高新技术公司纷纷在硅谷设立窗口，以便跟踪最新的技术潮流。硅谷为何走在世界技术创新的前列成为引领时代的弄潮儿？毫无疑问，强大的科技创新能力为硅谷高新产业园区的成功奠定了坚实基础——资本与科学技术的融合将理论创新引向应用创新，最终创造出了众多跨时代的产品。随着"硅谷效应"的扩散，学者们对硅谷进行了深入研究，他们认为硅谷独特的金融体系为高科技公司的创立与发展提供了充分的资源，硅谷独特的创新文化为创新活动提供了良好的人文氛围。

促使硅谷成功创新的最有效合作创新模式是高新技术企业与投资机构的合作。这是一种"创新知识＋创新资金"的技术创新合作模式。在这种合作中，高新技术企业主要提供高级技术人才、技术知识储备以及创新概念等知识型资源，而投资机构主要提供创新项目所需资金及运行管理方面的支持。双方共同承担研发风险、共享研发成果。在这种合作创新模式下，组织双方能够实现创新资源和创新能力互补，享受新知识溢出效应，创造出丰富的先进创新技术成果，从而获得较高的创新收益。但是在高新技术产业中，高深的技术知识、超前的创新概念使得投资者与创新者处于信息不对等的状态，交易成本成为合作双方是否能走到一起的关键。然而硅谷是那么的幸运，硅谷成立与1951年第一批创业者主要由斯坦福大学的师生和二战结束后归国的大学生组成。学生和老师的身份天然地将其紧紧地根植于斯坦福大学的社会关系网中。创业者作为网络的节点深深地根植于集群（斯坦福大学）的关系网络之中。强劲的师生关系使得合作成员有着紧密的联系、频繁的互动，信息的透明性阻止了机会主义行为的产生。在这样的环境下逐渐形成了开放、公平、合作的硅谷文化，促使企业间形成了高度的信任。正是这种从第一代硅谷人身上所延续下来的信任促使了硅谷工业园区内的企业在资本和技术上的深入合作，最终缔造了硅谷奇迹。

由紧密多边关系形成的组织间信任能够鼓励企业进行合作创新活动，形成良好的创新氛围。一方面，紧密的多边关系所形成的组织间信任促使风险投资机构能够选择高新技术企业，降低信息不对称带来的道德风险，从而更为相信企业的创新活动；另一方面，紧密的多边关系也使高新技术企业能够虚心接受投资机构提供的资本运营和创新管理等方面的建议，降低创新成本和创新风险。这样的信任能够提高知识溢出效应使得合作双方获得更多的额外收益。愉快的合作经历会促使双方进一步展开合作，新的合作所带来的额外收益是对于以往合作态度的认可。这种认可越强，集群成员采用合作策略的动机越强。同时良好的合作经验也会引起集群内的其他成员的兴趣，进一步促使合作创新活动的开展从而形成良好的创新氛围。强劲的根植性不仅能够促进合作创新中的合作行为同时也能够有效地阻止机会主义行为产生。合作创新中的机会主义行为会通过集群网络迅速传播会对机会主义者的诚信造成巨大影响。在硅谷中企业之间有着广泛的交流，一次机会主义行为也许就会使得企业的信用资产破产。在根植性的作用下，硅谷形成了一套完善的互信机制，高额的惩罚有效地阻止了机会主义行为的发生。

强劲的多边关系能够鼓励创业者进行技术创新活动。紧密地多边关系将硅谷中的创新者紧密地联系在一起，他们共同合作、彼此交流、相互欣赏着彼此的才华。巨大的创新风险注定不可能所有人都会成为赢家，无论是取得了成功还是不幸失败，他都将会获得集群内其他个体的肯定。无论他选择创业还是就业，都不会遇到太多的阻碍，这无疑也是对创业者的鼓励。因此，硅谷内部才盛行着积极创新，敢于挑战的价值观。许多企业家和技术人员都深信只有敢于冒险才会成功，机会永远留给那些敢于冒险的人。即使失败了也没什么了不起，因为在硅谷，有许多成功的企业家都经历过失败的洗礼。硅谷内部紧密的根植性造就了良好的创新氛围，鼓励着无数企业家、技术人员追寻着自己的梦想。

同时，硅谷的成功离不开大学等科研机构的支持，其中斯坦福大学发挥了极其重要的作用。硅谷与斯坦福大学的合作可谓是硕果累累。硅谷中有众多企业与斯坦福大学建立了联系。通过与高校内的实验室开展合作创新,获取最前沿的理论技术。在与高校的合作创新活动中联合培养企业所需的专业人才。同时,高校还为硅谷提供了高水平的技术交流平台。在这个平台上硅谷的企业家、技术人员能够广泛地交流,探讨企业所面临的问题。良好的学习氛围、强烈的学习意愿、高效的学习能力以及高水平的学习平台形成了完善的学习机制,促使着硅谷不断地学习、不断地创新。

除此之外,先进的技术转换体系支撑着硅谷工业园的发展。斯坦福大学1970年成立技术授权办公室(Office of Technology Licensing,简称OTL)。OTL负责管理斯坦福大学的知识产权资产,能够有效地保护知识产权,防止其在技术创新合作中随着知识扩散所带来的损失。OTL这样的组织存在能够有效地提高知识产权保护力度,积极促进企业间合作创新的开展。

硅谷第一代创业者之间的紧密关系嵌入是硅谷取得成功的关键。强劲的关系嵌入能够有效地防止机会主义行为的发生,逐步形成了合作、开放的集群氛围,为企业间合作创新活动提供了良好的环境。丰硕的合作创新成果促使集群形成了良好的创新氛围,鼓励着企业、个人进行技术创新活动。同时,严明的法律与以OTL为代表的知识资产管理机构能够有效地保护知识产权者的合法收益,也在一定程度上促进了企业间的合作创新。正是这些因素最终促使了硅谷工业园区从一个辉煌走向另一个辉煌。

第二节 中关村合作创新案例分析

一、中关村产业集群简介

中关村产业园是中国第一个国家级高新技术产业园区。1988年,经国务院批准,在北京市海淀区划出部分土地建立高新技术产业开发试验区,并给予了一系列的辅助政策鼓励成立科技公司,因此形成了高科技园区的雏形。最初,中关村科技园区只有海淀、昌平和丰台三个科技园,1999年增加了电子城和亦庄两个科技园区,形成了一区五园的格局,继而又增加了德胜和健翔两个科技园区,形成"一区七园",随后又将其扩展为"一园十一区"。经过20多年的发展,中关村科技园区内七大产业集群发展迅猛。

(一) 软件产业集群

2000年成立的中关村软件园,是中关村科技园区一个以软件研发为主的专业园区,也是国家发改委、信息产业部、商务部等部委联合批准的国家软件生产基地和出口基地,是国家四个软件双基地之一,也是中关村软件产业集群的孕育基地。到目前为止,已经有130家企业入驻,包括IBM、甲骨文等国际著名跨国公司,也包括国内很多自主创新的知名企业,目前园区每天有超过1万名软件工程师在工作。

中关村在系统软件领域取得系列重大技术突破。中软股份、中科红旗、共创开源等相继推出的Linux桌面和服务器操作系统,打破了微软Windows在桌面操作系统长期一统天下的局面;凯思昊鹏"女娲"软件系统荣获国家科技进步二等奖;人大金仓研发出我国具有自主知识产权的数据库为神舟航天成功作出了贡献。在系统软件形成技术突破的背后,中关村在中间件、信息安全、行业应用、数字内容、管理服务等细分软件领域都形成了产业集群。例如,在中间件领域,中关村集中了东方通、中关村科技软件、青牛、紫光北美、中和威、点击科技等国内代表企业,其中东方通占有国内中间件市场20%的份额,与IBM、BEA两大国际巨头三分天下。在信息安全领域,天融信、联想、方正的防火墙国内市场占有率领先;启明星辰、中联绿盟和中科网威的入侵检测在国内市场占有率领先，其中启明星辰公司还掌握了黑客类、安全服务类等多项核心技术，打造出国内第一条完整的网络安全产品线，网络安全行业排名第一；瑞星、江民、金山是我国防病毒软件的三大品牌。在行业应用软件领域，中关村聚集了用友软件、神州数码、九城数码、和利时、金自天正、数码大方等优势企业。其中用友软件是我国最大的专业企业管理软件提供商，在中国 ERP 市场位居第一；九城口岸公司专注于外贸行业信息化领域，在我国商检、通关等外贸信息化领域占有领先地位；和利时公司涉足核电、火电、热电、建材、冶金、化工、造纸、城铁等行业，拥有国际先进水平的核心技术、专利，是中国自动化控制领域的领头羊。在数字内容领域，中关村集中了金山、目标软件、软星科技等网络游戏代表企业和新浪、搜狐、空中网等增值服务代表企业。

在鼓励自主创新的同时，软件外包也是国家大力提倡的项目工程，恰逢我国软件产业基地和软件出口基地建设如火如荼的时期，在北京市科委和发改委的支持下，中关村形成了北京软件出口基地。既然是软件出口基地，就要请进各种各样与软件有关的企业，比如富士通、金山、用友等。2005 年由中关村国际孵化软件协会牵头成立了"对美软件外包项目获取平台"（简称零包平台），并于当年 8 月举行了发包说明会。零包平台的主要功能是通过在美国按城市招募联络主任，建立美国外包项目来源网络，构建外包工程服务体系，为中关村的软件外包企业提供零包服务，帮助中关村软件外包企业获取外包项目。2005 年 11 月，通过零包平台的牵线搭桥，Eternal Systems 公司与中软资源公司正式签署了总服务协议，双方正式结为合作伙伴。之后，2005 年 12 月，"软件改变中国"高峰论坛——欧美企业发包说明会也在中关村顺利举行。现在园区 85% 的企业都与软件有关。软件出口基地大企业的成功效应，也支持和带动了一批中小企业和谐发展。

此外，中关村管委会出台了一系列的法规措施，用以保障软件产业集群的自身权利，确实保护知识产权。中关村作为国家知识产权制度示范园区，构建了知识产权产生、使用和保护的良性机制，加大了执法力度，严厉查处和打击了销售盗版软件和盗版光盘的侵犯知识产权等违法行为，维护了软件产业集群企业的切身利益，使其向更健康，更有可持续性的方向发展进步。

中关村软件产业集群兼具纵向和横向交织的特点，纵向上覆盖了从系统软件、支撑软件到应用软件全部链条，以上下游联盟的形式增强竞争力，链条上每个环节都集聚了大量软件企业，这使中关村软件产业显示出强大的技术突破和集群创新能力。其销售收入已经占到了全国的六分之一，软件企业数量将近4000家，一跃成为我国实力最强的软件产业集聚地。

（二）集成电路产业集群

中关村在核心芯片技术领域形成重大技术突破，出现了方舟、龙芯、众志3个系列的具有自主知识产权的CPU产品，中科联创的DSP技术和产品一举打破了发达国家的禁运，满足了我国军事及民用电子产品发展的迫切需求。

中关村在IC设计业研发能力在全国首屈一指。嵌入式CPU的方舟芯片、通用龙芯片、多媒体的星光芯片取得成功应用，2004年实现量产，并与国内开发的Linux操作系统集成，研制出新一代网络计算机。

中关村的创新重点体现在"中国芯"。2007年3月28日，中关村高新技术企业北京神州龙芯公司的"中国芯"——龙芯2号，被世界最大半导体制造商之一——意法半导体公司买下了全球制造和销售龙芯2E五年的技术许可权，计划每年销售龙芯芯片1000万片以上。

国产的 CPU 芯片自主核心技术被国外大公司有偿使用，实现了中关村企业在国际化发展中从"卖产品"到"卖技术"的突破，更打破了芯片行业一直为国外所垄断的局面。

而中关村集成电路产业自主创新成果打破国外垄断的远不止"龙芯"一个。我国自主研制的芯片制造关键装备——100 纳米刻蚀机与离子注入机，也被中关村的北方微电子公司和北京中科信电子装备公司"攻关"，自主研制的刻蚀机与离子注入机拿到了价值过亿元的采购大单。

当年凭自主知识产权芯片"星光一号"打进三星的中星微电子有限公司创始人邓中翰介绍，中国芯在打进摄影摄像"鼻祖"索尼公司时曾严重受挫。索尼的一位主管只用 5 分钟就结束了原定 1 个小时的会见，"索尼是这项技术的鼻祖，有几百项这样的专利。"受了刺激的中星微发奋研发出"星光二号"、"星光五号"等一系列中国芯，专利多达 500 多项，不仅戴尔、惠普、三星等 140 多家国际知名企业都在批量使用"星光"芯片，而且索尼笔记本电脑的摄像头也已经跳动"星光"中国芯。目前，"星光"芯片在全球累计销售已经突破 1 亿枚，成功占领了全球同类芯片市场 60% 的份额。

与此集成电路技术突破相对应，中关村在集成电路产业也已经形成集群，成为我国集成电路设计企业的重要集聚地之一。我国年销售收入过亿元的集成电路设计企业半数位于中关村。2000 年海尔集团投资成立北京海尔集成电路设计有限公司，2001 年成功开发出数字音视频芯片"爱国者一号"，2002 年推出"爱国者二号"，2003 年采用 SOC（系统级芯片）技术的"爱国者三号"大规模上市。2004年，该公司销售收入超过 1 亿元，"爱国者"系列芯片在国内市场占有 50% 左右的市场份额。而在智能卡领域，我国第二代身份证主要 4 家设计单位中有 3 家在中关村，分别是大唐微电子、中电华大、同方微电子。在多媒体处理芯片领域，中关村拥有中星微、海尔集成电路设计、同方凌讯、联合信源、火马等代表企业。一些优秀的企业进入高端商务活动领域，从单纯的设计芯片扩展到提供系统解决方案和进行知识产权的交换。中芯国际的集成电路生产线到目前为止是国内唯一一条12英寸、0.13微米集成电路生产线。有研硅股是国内两大集成电路单晶硅片生产企业之一。七星华创是国内第二大集成电路专用设备生产企业。北方微电子是我国集成电路刻蚀机研发项目的承担者。

中关村集成电路产业销售占到全国的1/5，平均年销售13.6亿块集成电路，销售额达到74亿。拥有集成电路企业150余家，从业人数超万人，我国最具成长性的10家集成电路设计企业有5家在中关村。从通用芯片、嵌入式芯片到多媒体芯片、IC卡芯片、局域网芯片、HDV芯片、局域网芯片，中关村群"芯"争辉，还包括设计工具的服务平台，测试的服务平台，知识产权专业的服务平台，以及职业培训中心。这样的集群也极大地促进了中关村集成电路产业发展。

（三）移动通信产业集群

从通信产业的产业特征来看，通讯产业是适合以集群模式发展的领域之一，中关村在移动通信核心标准方面已形成突破。大唐移动公司提交的TD-SCDMA的实施不仅产业带动效应巨大，也为国家信息安全和国防通信开辟出新的通路，使我国在移动通信领域也可以与传统发达国家分庭抗礼。

TD-SCDMA移动通信系统标准是中国提出并被国际电信联盟（ITU）接纳的第三代移动通信标准。TD-SCDMA集成了频分（FDMA）、时分（TDMA）、码分（CDMA）和空分（SDMA）四种多址接入技术的优势，其关键技术，如时分双工（TDD）、智能天线（SA）、联合检测（JD）、上行同步（ULSC）、动态信道分配（DCA）和接力

第六章 创新型产业集群合作创新案例分析

切换（BHO），使得系统的容量、性能有了很大的提升。另外由于 TD-SCDMA 的固有特点，它在支持 3G 应用方面也具有独特的优势，全面满足了 ITU 提出的 IMT-2000 的要求，与 WCDMA、CDMA2000 一起成为公认的三种主流的 3G 技术标准。

TD-SCDMA 是近百年来我国通信史上第一个具有完全自主知识产权的国际通信标准，它的出现在我国通信发展史上具有里程碑的意义，极大地提高了我国在移动通信领域的技术水平，是整个中国通信业的重大突破。通过近几年业界的共同努力，TD-SCDMA 产业链已经初步成熟，其规模还在不断扩展和壮大。产业链各个环节的厂商都陆续推出了自己的商用产品，其中大唐移动自行研发的 TD-SCDMA RAN 系统、终端及网优、网规系统通过一系列的试验和测试，已经具备了规模商用的能力。作为 3G 的国际主流标准之一，TD-SCDMA 技术将引导中国乃至全球 3G 及后 3G 技术的演进和发展。对于全球的运营商和通信设备制造商，TD-SCDMA 更是提供了一个难得的发展机遇。TD-SCDMA 凭借频谱利用率高、系统容量大、建网成本低和高效支持数据业务等优势，必定会在全球范围内占有一席之地。不仅如此，大唐移动公司还拥有包括智能天线、联合检测、上行同步等在内的十多项核心技术专利，为我国第一次赢得了国际通信产业话语权。

目前，中关村在移动通信产业中以大唐为核心，由 21 家单位组成产业联盟，合力推动 TD-SCDMA 产业发展。大唐电信科技产业控股有限公司、恒基伟业、翔鹰投资股份有限公司入驻中关村科技园区电子城科技园西区。中关村电子城西区是中关村科技园区的重要组成部分，也是中关村科技园区中跨国公司聚集度最高、国际化趋势明显、最具产业特色的园区之一。三家企业的入驻将进一步加快中关村电子城西区自主创新能力的提升，同时也促进以移动通信为主的研发产业集群的形成。中关村电子城西区依托酒仙桥电子城产业基地雄厚的电子信息产业基础,将会形成国际研发转移与自主创新并重的产业格局,形成以新一代移动通信研发中心和总部为主的高技术产业群,成为中关村科技园区6大重点行业之一的新一代移动通讯的主要发展基地。

同时围绕SCDMA技术,中关村也已经形成了SCDMA产业联盟。陈卫率领的信威通信公司打破外国技术垄断,开发出具有自主知识产权的SCDMA(同步码分多址)无线通信系统等多项核心发明专利,其具有自主知识产权的宽带无线网络技术在部分性能方面已经超过WinMax。同时信威十年打造SCDMA产业链,形成农村无线通信"村村通",城市移动通信"大灵通",面向未来的宽带无线接入系统等三大系列,在推动我国通信领域现代化的进程中发挥着重要作用。

随着移动终端业如火如荼地发展,2002年7月,一家由14名员工组成的手机设计企业—德信无线在中关村正式成立。2005年5月,成立不到三年的德信无线在纳斯达克成功上市,一举募集资金1.42亿美元。在三年的时间里,德信无线完成的手机设计方案达到数十个,国内外众多知名手机大厂都是其客户。在获得丰厚经济回报的同时,德信无线还开发出一套通用手机设计软件平台。目前,德信无线已经成为国内规模最大的专业化手机设计企业。此外中关村还集中了中电赛龙等国内领先的手机设计企业。

当今中关村移动通信产业集群已然形成了包括标准、芯片、基站和网络设备、终端等较为完整的产业链,并且形成了产业链整体发展的良好势头。迄今为止,中关村移动通信企业的数量超过千家,总体产业规模在国内处于前列。更为重要的是,中关村移动通信产业凭借对核心技术和标准的掌握,已经位于国内产业价值链的高端位置。

(四)计算机与网络产业集群

中关村是最尖端技术的重要参与者。曙光公司研制出11万亿次高性能计算机，使中国成为继美国和日本之后第三个能制造和应用10万亿次以上超级计算机的国家。联想深腾4万亿次高性能计算机的研制成功，标志着园区高性能计算机研发与简短应用取得了突破性进展。

2004年，联想集团整体并购IBM的PC业务而一跃成为世界第三大计算机公司。原IBM的1500余项专利皆归联想所有，加上此前自主拥有的1000余项专利，联想现在已合计拥有2500余项专利。互联网应用创造出了新需求、新市场，一直是中关村商业模式创新的高地，出现了新浪、搜狐、TOM的门户网站模式，当当、卓越的B2C电子商务模式，联众、金山、软星、目标、游龙在线的网络游戏模式，五奥环的在线商业管理系统模式，超星、中文在线的在线图书和网上出版模式，空中网、华友世纪等移动增值服务模式，艺龙网"鼠标+水泥"的网络旅游信息服务模式，新东方、北大商学网的网上学习、网上培训模式等等。

威讯紫晶公司在2005年召开的国际电子工程师协会（IEEE）会议上，提交的短程无线局域网标准草案获得国际认同，并将成为正式的国际标准。天元网络公司则是依托北京邮电大学的国家重点实验室而设立，承担了国家自然科学基金、"863"、"十五"攻关等众多专项，参与制定了10项国际标准，5项3GPP标准，80%以上的国内行业标准，研制出具有自主知识产权的多种网络管理系统和产品，在国内专业网管高端领域占据了市场第一的位置。

中关村集聚了大量我国下一代互联网的核心力量，这股力量聚集起来形成了多个产业联盟，成为产业集群内部的又一次升级。2005年2月，港湾网络、佳讯飞鸿、清华比威、畅讯信通、瑞斯康达、网通、天地互连、长城战略咨询等一批30多家行业重点企业发起成立了中关村下一代互联网联盟，目的是推进中关村下一代互联网产业化进程，抢占下一代互联网市场先机。该联盟以整体联盟的形式在国家下一代互联网示范工程（CNGI）招标中一举获得总中标项目数40%的订单。之后，这个联盟又承担了北京市基于IPV6的智能交通示范项目。2005年3月，中关村又崛起了IT服务业联盟——包括联想、方正、同方、紫光等二十一家知名的IT企业，是中国第一个把IT服务业推向产业化的"服务航母"。众多产业联盟中，闪联是典型代表。闪联制定的IGRS协议涉及信息设备、家电设备和通信设备等多个领域。联盟确定了各会员企业的分工，并按照IGRS标准的技术构成划分了不同的技术组及确定相关负责人。经过2年多的努力，在2005年6月取得突破性进展，闪联标准1.0版正式通过国家信息产业部审批，成为国家推荐性行业标准，是国内第一个"3C协同产业标准"，于9月1日正式开始实施。12月18日，"闪联信息技术工程中心"正式揭牌，推动和落实闪联标准产业化进程的企业实体开始正式运作。

（五）光电显示产业集群

LED产业作为绿色产业、朝阳产业符合国家的产业发展政策，每年有上千亿元的市场总额，已经成为一个很大的产业。中关村科技园区着力做大做强光电产业，把液晶显示产业放到优先发展位置，以液晶显示产业为主导，不断延伸产业链，向上加快液晶材料、玻璃基板、驱动IC等产业发展，向下延伸平板电视等整机产品。同时，加快发展以LED生产为核心的光照明产业、以太阳能光伏制造为核心的光能源产业，使中关村成长为产值超过1000亿元、产业链相对完善、全球重要的光电产业基地。

2003年，京东方集团通过收购韩国现代公司TFT-LCD显示屏全部业务，获得超过2000项TFT-LCD显示相关专利，将整套研发和生产体系向我国转移。在整合北大、清华和中科院的技术资源基础上进行自主创新，实现了原有的3.5代线向5代线的升级，逐渐形成

第六章　创新型产业集群合作创新案例分析

我国光电显示产业的自主发展能力。此后，长春希达通过自主创新研发出的最新 LED 集成三合一显示屏产品作为该行业的最新创新成果入驻中关村，填补了中国最顶尖和国际领先水平的 LED 产品的空白，为中关村科技园区增添了一道亮丽的科技成果风景线。

把国内最新的技术成果汇集到了中关村这个中国电子信息产业中心来，标志着包括中海园电子市场在内的中关村黄庄商圈在中国电子信息产业的中心地位已经成熟，其辐射半径及受关注程度是国内其他地区同类商圈所不能同类而语的。以 LED 显示屏产业为代表的光电产业集群正在成为中关村的又一经济增长集群。

（六）生物医药产业集群

中关村是我国生物医药研发实力最强的地区之一。北京数量众多的大专院校、科研院所、三甲医院为医药研究提供了充足的优质资源，吸引生物、医药企业不断涌入中关村地区，加速生物医药产业的集聚。

生物医药产业是北京市重点发展的四大现代制造业之一。中关村在 2003 年开始围绕生物医药产业进行专业化孵化的尝试，并于当年建立了面向生物技术产品、天然药物、化学合成药研发机构和团队的生物医药专业孵化器——中关村生物医药园，它是目前国内规模最大、最具专业化的生物医药行业"孵化器"。中关村生物园通过医药专业咨询网络、仪器设备资源网络和专业技术服务平台的搭建，为入园的医药企业提供全方位的孵化服务，可以满足 100 多家生物、医药领域的中小企业创办、研发中试、新药注册、市场推广等方面的需求，促进了中小型生物医药企业的快速成长。

中关村生物医药园的发展思路非常明确：强化投融资服务，重点孵化龙头企业。尽管国内生物医药产业投融资环境与企业的需求差距较大，园区内多家生物医药企业仍通过引入风险投资和增资扩股等形式进行了融资。2005年11月9日,北京奥瑞金种业股份有限公司在纳斯达克上市,成为全国留学人员创业园内首家在纳斯达克上市的企业,并成功融资9000多万美元。仅用了8年时间,他们便完成了由"科技作坊"到纳斯达克上市公司的跨越。中关村生物医药园在园企业诺思兰德,是一家生物技术领域内年轻而朝气蓬勃的新兴企业,有着雄厚的投资背景和一支高素质的研发团队,在公司刚刚成立的两年多时间里,就在基因治疗方面取得了令人瞩目的成果。公司与韩国一家上市公司ViroMed在基因治疗方面进行合作,共同开发共享成果,提高了药物研发速度,并成为中韩两国成功合作的一个典范。北京奥精医药科技有限公司是2004年12月22日成立的一家主营三类医疗器械研发、生产、销售的高新技术企业,研发以清华大学材料系为依托,在研项目有纳米人工骨、聚酯尿路内支架、防粘连凝胶三项,因项目前景可观,2006年初成功吸引了企业和个人投资600万元。北京华夏网信科技有限公司是一家网络信息管理系统开发和经营公司,成功开发了基于Web的集群图书馆管理系统。2006年公司提供技术,与北京高血压联盟研究所、中华医学会心血管介入治疗培训中心、北京高血压防治协会、北京社区卫生协会、首都医科大学心血管病研究所等多家学术团体、医疗单位和企业建起了"21世纪心血管及相关疾病患者注册与管理工程(简称ICH工程)"工作网站,为医院、社区、患者提供科学高效的健康管理解决方案。

2006年成立的大兴生物医药产业基地就是按照"产业集群"的产业发展思路出现的衍生品,它合理调整了产业空间布局,引导产业集群发展,优化产业结构,扩充产业规模,进一步加强了北京生物工程与医药产业基地开发建设速度,形成了以生物技术、中药和天然药物、化学制药为核心,配套行业齐全的高效产业集聚区。

中关村在生物医药原始创新方面已经表现出较强实力。专业生物医药CRO(委托研发)以中关村为核心的北京区域内集中了我国近三分之一的生物医药 CRO 资源，其中德众万全公司是国内第一家 CRO 上市公司。德众万全公司于 1999 年成立，主要业务是为客户提供国际水准的医药临床研究、临床前药效药理毒理研究等全方位委托研发服务。2003 年，成立仅 4 年的德众万全在香港成功上市。截至 2005 年 6 月，已经完成了 400 多个国家级新药的临床前研究，申报国内外专利 60 多项，其中有 30% 左右是发明专利，获批注国内 2 个国家级一类新药，开展了 6 个创新药物临床前研究工作。同时公司获发临床研究许可证总数累积至 197 张，生产许可证总数累积至 53 张。至此，德众万全已经毫无疑问地成为国内 CRO 企业的领头羊。科兴研制出全球第一支 SARS 病毒灭活疫苗和国内第一支甲乙肝联合疫苗，并与美国、英国、瑞士等国家同步研制出人用禽流感疫苗。万泰药业的戊型肝炎疫苗已申请多项国际发明专利。百泰药业的重组人源化单克隆抗体属国家一类新药。自主创新让一个又一个"中国创造"的世界级生物医药在中关村诞生，生物医药研发的服务外包也开始在中关村兴起。

中关村已经成为全国疫苗研发、产业化的重要基地，整体技术水平在全国占据领先位置。例如，天坛生物的乙肝疫苗占全国产量的 48% 以上，麻腮风三联疫苗、Vero 细胞纯化乙脑疫苗产品目前在国内市场居于垄断位置。除疫苗领域之外，中关村在诊断试剂领域聚集了实力较强的企业，形成了一定产业集聚，万泰、中生北控、九强生物、金豪等都在国内同行业中居于前列。中生北控生物是目前国内最大的生化诊断试剂公司，万泰公司在血液筛查（血站）系统诊断试剂的总占有率排名全国第一。在 2003 年检测试剂的批报统计中，万泰、金豪、耀华、吉比爱 4 家就占全国艾滋病（HIV）检测试剂产量的 45%，占全国丙肝（HCV）检测试剂产量的近 1/3。未来，中关村生物医药产业将在新型疫苗和创新药物、医疗器械等关键领域形成重大突破，成为国际相关市场中的有力竞争者。

(七) 环保新能源产业集群

全球气候变暖、沙尘暴肆虐、水资源污染、人口急剧增加……全球自然环境恶化已经向人类亮起了红灯。中国作为能源消耗大国，环境污染问题尤为突出，已经成为影响我国社会主义现代化建设和人民群众生产、生活的首要问题。为了缓解能源危机，保护环境，中关村环保新能源产业集群应运而生。

保护环境是保障经济实现可持续发展的基础。关注循环经济、发展新能源高效节能与环保高科技已经成为中关村科技园区创新的亮点。经过10多年的积累和发展，中关村科技园区在环境、能源领域的科技资源占全国的1/4以上，一些自主创新的技术在全国处于领先地位，其中一些技术已达到国际先进水平，具有较强的国际竞争力。在2006年初公布的"中关村指数"中，能源、环保产业增速最快，这些产业已在成为中关村科技园区新的经济增长点。2007年1～11月，中关村科技园区新能源与高效节能领域的企业实现总产值261.7亿元，比2006年同期增长53.9%。

新能源与高效节能企业的快速发展带动了该领域经济效益指数调整攀升，新能源与高效节能领域的经济效益指数远远高于中关村科技园区的整体水平。除新能源与高效节能领域外，环境保护领域也是发展较快的技术领域，特别是在人力资本指数上优势明显，高于其他技术领域。中关村科技园区新能源与高效节能、环保产业等新兴产业呈现出跳跃式发展趋势。

中关村环保新能源产业集群在技术攻关方面，积极开展与建筑节能、政府机构节能、绿色照明、余热余压利用、区域热电联产、电机系统节能、区域能源系统优化及"四节一环保"，即节水、节地、节材、节能和环保等相关领域的科技攻关，推广环保与节能成熟技术和解决方案，加快有关技术标准的制定，为建筑节能和工业节能提供技

第六章 创新型产业集群合作创新案例分析

术支撑服务。

目前,产业集群正在成为引领地方经济发展、地方核心竞争力的强大引擎。据了解,目前,北京市的产业联盟总数已近 50 家,其中大部分联盟的建立都与中关村科技园区密切相关,中关村科技园区已经成为产业联盟发展的高地。

2004 年 9 月,中关村清新空气产业联盟——由中关村国际环保产业促进中心牵头成立,目的是推进清新空气产业技术应用和发展、增进全民对室内空气健康的认识。2007 年,中关村资源节约与能源管理服务产业联盟成立,该联盟坚持"资源整合、优势互补、互惠互利、共同发展"的原则,推行合同能源管理及 BOT 或准 BOT 等服务模式,促进节能与环保机制转换,提高资源利用效率。同时在环保、新能源等国家发展循环经济急需的领域,中关村企业开展了大量的技术引进和再创新开发。王怀东博士从日本携带已经成熟的餐厨垃圾处理技术回国创立嘉博文公司;中信国安 MGL 公司利用其鲁博士从日本留学带来的锂离子二次电池正极材料的技术,进行再开发,成功开发出拥有自主知识产权的锂离子电池技术,突破了国外厂商对该技术的垄断;碧水源公司从澳大利亚获得膜处理技术的许可开展国内的污水处理;宋维宁博士创建北京至柔科技公司,将国际环保新材料木塑复合材料的技术和工艺引入国内;慧点科技公司在石油石化、钢铁冶金、能源电力等行业信息化解决方案具有领先地位,其与清华大学共同组建联合实验室,同时与 IBM 公司和惠普公司等结成合作联盟,赢得了 IBM 全球最重量级奖项——"培根奖"的两项全球提名,成为大中华区唯一获此殊荣的企业。

环保产业集群与其他产业集群之间的互动发展迫在眉睫,之前举办的电子环保产业论坛,就是两个产业创新集聚、相互融合、相互影响的例证。ICT 产业是中关村的优势产业,但目前 ICT 产业面临环保化升级换代的要求,再按照现有模式发展下去,将面临很多问题。

ICT产业和环保产业形成的互动，催生了一个新产业，就是电子环保产业。电子环保产业也是中关村环保科技园重点关注和支持的行业。从环保新能源企业到环保科技园的建设，中关村已经意识到环境新能源是重要的生产力，保护环境，开发新能源是保障经济实现可持续发展的前提条件，科技和政策上的创新为节能减排和生态文明建设提供了强大的支撑。

2008年是中关村科技园区成立20周年。经过20年的积累与发展，中关村在空气环境、污水处理、新能源、高效节能、资源综合利用等领域形成了一批实力雄厚的技术产品，一些自主创新的技术在国内处于领先地位，也有一些技术已达到国际先进水平，具有较强的国际竞争力——当"科技"遇到"环保"，我们能看到中关村绿色的明天。

二、中关村产业集群组织创新特征

一是，科研院所、高校是中关村产业集群的重要依托。首先，许多企业衍生于大学、科研院所。例如，有13家、31家、160家企业分别衍生于中科研计算机所、北大、清华等知名科研院所。其次，许多企业建立在大学或科研院所的周围，并在技术、管理、咨询、人才培养招聘等方面存在密切联系。譬如，天元网络公司依托北京邮电大学的国家重点实验室而设立，承担了国家自然科学基金、"863"、"十五"攻关等众多专项，参与制定了10项国际标准，5项3GPP标准，80%以上的国内行业标准，研制出具有自主知识产权的多种网络管理系统和产品，在国内专业网管高端领域占据了市场第一的位置。

二是，大企业集团对产业集群的形成起到了重要的带动作用。联想、万方等产业园区的大企业，掌握着大量的政府资源、资金资源及人力资源，并且有非常多的中小企业在为其提供软件开发、系统集

第六章 创新型产业集群合作创新案例分析

成、营销等服务。

三是，企业之间的联系紧密，沟通障碍较少。一方面，较高的人才流动率，强化了企业之间的联系和理解。在产业园区内，地理距离缩短使得人才的职业流动性更加便利，调查显示园区内员工的流动率高达40%。人才频繁流动的背后是信息、知识、技术等关键生产要素的流动。另一方面，非正式组织的存在促进了企业之间的相互理解。中关村中存在一些非正式组织，这些组织的重要目的是通过相互定期或不定期的会面和沟通，增强彼此的了解，实现信息的共享和思想更深入的沟通和相互启发。这些非正式组织将政府官员、企业管理者、科研人员的关键决策者集聚起来，由此缩短了产业园区内各类企业之间交流的社会距离。迅速传播的知识和技术，有利于弥补科研院所、大学同企业以及企业间的技术差距，有利于提高中关村集体的科技创新能力。可以说，中关村产业园区竞争优势的确立和技术实力的提升，是集体创业的结果。

四是，产业园区管委会提供了良好的软环境。企业所处的经营环境对其经营绩效的影响非常巨大。中关村管委会作为区域市场的裁判员，精准履行了自身职责，确保干好该干的事情，放手自己不该干的事情。园区管委员即为企业之间、企业同科研院所和大学之间的交流尽可能提供便利，也非常重视保护知识产权。这在制度、环境层面极大地激励和促进了企业创新的积极性和整个科技园区创新能力的提升。譬如，为了确保创新企业利益，鼓励创新，中关村管委会出台了一系列的法规措施来保障软件产业集群的自身权利，确实保护知识产权。中关村作为国家知识产权制度示范园区，构建了知识产权产生、使用和保护的良性机制，加大了执法力度，严厉查处和打击了销售盗版软件和盗版光盘等侵犯知识产权的违法行为，维护了软件产业集群企业的切身利益，使其向更健康，更有可持续性的方向发展进步。

五是，集聚优势确保产业园区内的领头企业能够准确把握技术前沿，并有能力抢占技术制高点。高频率的人才流动及企业管理者、员工、技术人员、政府等不同主体之间的交流，不但能够确保整个产业园区在战略上精准把握技术前沿及行业发展方向，集体合力优势还能够确保领导企业有能力同国际行业巨头竞争，占领行业技术制高点。譬如，中关村高新技术企业北京神州龙芯公司的"中国芯"——龙芯2号，被世界最大半导体制造商意法半导体公司买下了全球制造和销售龙芯2E五年的技术许可权，计划每年销售龙芯芯片1000万片以上。国产的CPU芯片自主核心技术被国外大公司有偿使用，实现了中关村企业在国际化发展中从"卖产品"到"卖技术"的突破，更打破了芯片行业一直为国外所垄断的局面。"龙芯"打破国外垄断并非个案，我国自主研制的芯片制造关键装备——100纳米刻蚀机与离子注入机，也被中关村的北方微电子公司和北京中科信电子装备公司攻关，自主研制的刻蚀机与离子注入机拿到了价值过亿元的采购大单。中星微电子有限公司研发出"星光二号""星光五号"等一系列中国芯，专利多达500多项，不仅戴尔、惠普、三星等140多家国际知名企业都在批量使用"星光"芯片，而且索尼笔记本电脑的摄像头也已经跳动"星光"中国芯。目前，"星光"芯片在全球累计销售已经突破1亿枚，成功占领了全球同类芯片市场60%的份额。

六是，园区企业重视技术与资本的结合。技术能够确保企业创造具有竞争力的产品，而技术在插上知识的翅膀后，二者能够相得益彰，企业就可以实现更快速的发展，这在中关村非常明显。2004年底，联想集团整体并购IBM的PC业务而一跃成为世界第三大计算机公司。原IBM的1500余项专利皆归联想所有，加上此前自主拥有的1000余项专利，联想现在已合计拥有2500余项专利。2005年11月9日，北京奥瑞金种业股份有限公司在纳斯达克上市，成为全国留学人员创业园内首家在纳斯达克上市的企业，并成功融资9000多万美元。仅用了8年时间，他们便完成了由"科技作坊"到纳斯达克上市公司的跨越。

三、中关村组织学习对合作创新的影响

通过对中关村发展历程及现状的分析，可以发现，中关村产业集群的集体学习存在如下几个层面。

一是，企业同科研院所、高校之间的学习。一方面，科研院所、高校的科研优势能够低成本、高效率地同企业的具体实践相结合，较为迅速地转化生产力；另一方面，园区内企业在经营实践中所遇到的难题，为科研院所、大学的科研研究指明了方向，提供了机会，这为科研成果的后续转化奠定了现实基础。概括来说，企业同科研院所、大学之间的学习，也是一种集体学习的体现，这种集体学习不但促进了科技成果的转化，还有助于原始创新的产生和科学研究的可持续发展。

二是，园区内企业高级管理层、技术员工之间的集体学习。正如前文所述，园区内同行业企业之间较短的地理距离和社会距离以及较高的员工流动性，不但有助于基层技术员工之间信息、经验和知识的沟通，还有助于增强员工个体及整体技术员工技术水平的提升。企业高级管理者或企业创始人之间的信息沟通，能够确保企业战略选择的正确性和灵活性，避免企业少走弯路，能够增强企业之间战略的互补性，促进单个企业目标及整个产业链中群体企业目标的实现。

三是，企业同政府目标之间的集体学习。在经济社会中，政府的本质职能是为企业提供服务，而企业作为经济社会的细胞，其经营活动也受到政府部门的关注。企业管理者同政府管理者之间的沟通，一方面，有利于政府部门更好地了解企业实际需求和存在的困难，进而制定更具针对性的措施，为企业提供更好的经营环境，为企业实现其目标保驾护航；另一方面，政府同企业高级管理层之间的沟通，还有

助于企业更好地理解政府的政策及目标，进而更具针对性地调整企业战略及经营策略，确保企业战略的恰当性和可实现性。

概括来说，企业同科研院所和高校以及同政府之间的沟通，提高了这些不同主体之间行动的一致性和针对性程度，在无形中精炼了产业园区的整体目标，并在此整体目标指引下，各主体通过相互促进和学习，确保自身创新力的持续提升和创新成果的不断涌现，这种良性循环产生了较强的集体创新合力。

第三节 经验启示

一是，加强关系嵌入性。硅谷和中关村的成功经验说明产业集群内组织之间的关系对强化高校同企业之间的联系至关重要。一方面，企业具有资金优势，又能够较准确地把握市场需求；另一方面，高校具有自身的学科特色和科研优势，但往往对市场的需求把握不准。加强企业、高校之间的沟通交流，有利于充分发挥二者各自的优势，实现优势互补，促进更具有应用价值的科研成果的产生及科研成果转化的速度，强化企业高层之间以及企业同政府之间的交流。正确的战略定位是企业成功经营的前提。企业管理者或企业创始人之间的沟通交流有助于企业更好地把握行业发展趋势，有利于企业明确自身在整个产业链中的优势，进而更好地自我定位。企业管理者同政府部门之间的有效沟通和学习，不但有助于企业更确定地调整自身战略，还有助于政府更好地为企业提供服务，进而促进企业战略目标实现。

二是，提升组织学习能力。组织学习能力是组织获取新知识、吸收新知识和利用新知识的能力。学习能力较高的组织在合作创新过程中能够吸收和利用新知识提升自身的创新能力，有利于提升合作创新绩效。因此无论硅谷和中关村，都非常重视组织的学习能力。为了提升组织学习能力,麻省理工大学作为硅谷的原始合作成员之一,每年为硅谷企业培训培养诸多高科技人才,在这些人才的带动下,企业成员的学习能力也得以提升。同时麻省理工的学生们也通过和硅谷的高科技企业合作,学到了实践经验。

三是,产业集群管理部门应把提供良好服务、构建融洽创新环境作为自身职责。在现代经济体中,政府提供公共服务是应有之义。产业园区作为一种极具特色和创新力的经济体,园区内企业的创新离不开良好的经营环境和创新环境,而这两类环境的构建是园区管理层必须应该承担的责任。同时,企业作为市场的关键组织和直接参与者,对市场的把握和了解最为准确和深入,这要求政府减少对企业经营行为的干预。

四是,强化高校同企业之间的联系至关重要。一方面,企业具有资金优势,又能够较准确地把握市场需求;另一方面,高校具有自身的学科特色和科研优势,但往往对市场的需求把握不准。加强企业、高校之间的沟通交流,有利于充分发挥二者各自的优势,实现优势互补,促进更具有应用价值的科研成果的产生及科研成果转化的速度。

五是,降低生产要素流动成本尤其是人力资本流动成本。优化资源配置是市场的关键职能之一,而优化资源配置的直接手段是最大限度地发挥生产要素的价值,这要求生产要素能够流入高效利用该生产要素的生产者手中。劳动者作为最重要的生产要素,劳动者的知识、技能非但不会因使用而耗费,还会随着劳动者的流动而更具价值,而技术型劳动者的流动受制于流动成本。因此采取有效措施,降低劳动者的流动成本,能够促进企业之间的技术交流,和企业整体水平上的技术提升。

六是,强化企业高层之间以及企业同政府之间的交流。正确的战略定位是企业成功经营的前提。企业管理者或企业创始人之间的沟通交流有助于企业更好地把握行业发展趋势,有利于企业明确自身在整个产业链中的优势，进行更好的自我定位。企业管理者同政府部门之间的有效沟通和学习，不但有助于企业更好地确定或调整自身战略，还有助于政府更好地为企业提供服务，进而促进企业战略目标实现。

创新型产业集群嵌入性
对组织间合作创新的
影响研究
Chapter 7

第七章 提升产业集聚区企业合作创新的措施

根据第五章的实证研究结果和第六章的中关村发展经验可以看出，合作创新是企业和集群创新能力提升的有效途径，而合作创新受产业集群环境、集群成员的网络结构、企业与其他企业或组织的多边关系等多种因素影响；同时企业吸收和整合内外部知识、创造新知识和运用并扩散新知识的学习能力，不仅直接影响产业集群组织合作创新绩效，还在集群合作创新时起到中介作用。因此要提升创新型产业集群组织合作创新绩效，一方面管理者应改善产业集群合作创新环境、完善产业集聚区合作创新网络；另一方面企业要改善与其他组织的合作关系、提升企业竞争能力和学习能力；当然产业集群的发展也离不开区域和国家的宏观发展。

基于此，本书从企业视角、产业集群视角和政府宏观管理视角三方面提出相应的建议和措施，以优化产业集群组织合作创新绩效、提升产业集集群创新能力和持续发展能力。

第一节 从企业视角提升合作创新绩效的措施

一、完善产业集聚区合作创新网络

大量新经济地理学和集群研究表明，创新型产业集聚区非常重要的一个特征就是创新环境，是集聚区促进创新的各种制度、法规、实践等所构成的综合系统。这种环境为组织间知识溢出和企业学习提供了基本条件。如区域内员工从大公司或学校获得共同的工作或者培训经历，当地劳动力市场对本地中小企业间劳动力流动的影响，当地学校或大企业对创建知识共享基础的影响，各种技术联盟以及客户制造商之间的交互关系对产业集聚区企业学习过程的促进等等。同时大部分学者都认为，激发企业自主或合作创新是基于创新环境的网络性。

实际上创新环境应该是面向外部的开放性生产综合体,也就是说这种生产综合体是面向技术环境和市场环境开放的,对技术、规则、社会资本等要素进行重新整合和运用。产业集聚区企业合作创新双方之间的内部互动和学习机制取决于企业的合作能力和相互间的依赖关系。在创新网络中则依靠他们在合作创新过程中建立和培育社会资本。

因此,为了应对快速变化的技术和日益加剧的市场竞争,产业集聚区内企业提升自身创新能力的重要途径就是参与开放性的合作创新网络,并努力提升自身在合作创新网络中的地位和影响力。只有这样,才能有效地整合合作创新中所需的所有"异质性"、"专有性"资源和知识,提升合作创新绩效。也只有这样,企业才能从合作创新活动中,获取更多、更有用、更关键的新知识,才能够提升知识整合的效果并创造新知识、运用新知识和扩散传播新知识,提升企业乃至整个产业集聚区的自主创新能力。

同时,还要优化合作创新网络结构,保持网络结构平衡性和技术知识平衡性。网络结构平衡性指产业集聚区内企业类型保持一定的动态平衡。一般而言,产业集聚区内企业按照供应链关系有两种类型:一种是处在供应链不同环节的垂直关系,如与供应商和客户关系;一种则是供应链上的水平关系,如和竞争对手、科研院所等主体的关系。不同的合作主体,自身的创新能力和创新资源不同,企业从合作创新过程中获取的知识也不同。只有各种网络关系平衡发展,才能真正充分利用网络。技术知识的平衡则是指合理的技术差异性。网络中各主体拥有的技术知识适当差异化有可能产生知识的互补并进而提升企业参与创新的积极性,但过度差异化会增加企业学习的难度从而影响企业参与创新的积极性,因此企业应根据自身的技术实力和知识存量,选择一个适合网络的平衡度。

二、构建企业间信任和互惠机制

和一般技术创新合作相比,产业集聚区内企业和其他组织间的合作关系具有以下特征:一是,产业集聚区内企业和其他组织的合作创新的基础是组织间长期和密切的业务关系,这种密切关系来自于它们处于同一产业链或供应链进行经营活动而彼此相互关联,因而通过具有路径依赖性的过程建立起来的关系在产业集聚区企业合作创新中非常重要;二是,产业集聚区内企业和其他组织的创新合作关系既有组织间正式制度性的安排,也有非正式制度安排的内容,作为一种重要的制度安排的关系式合作要确保组织间合作企业通过合作创新网络获取超额创新收益,而基于信任、权力、合作伙伴的满意度、习俗、伦理道德和价值观等非正式制度安排始终贯穿在合作创新过程中,在某一方面甚至起到关键作用;三是,产业集聚区内企业间的合作关系是一项不可替代和模仿的资源,同时也是一种创造资源的有效手段和一个获得资源与信息的主要途径,因此通过合作创新可以最大限度地节约交易成本和提升产业集聚区内乃至整个产业集聚区的核心竞争力;四是,产业集聚区内企业间的创新合作关系是由合作方关系的特殊组合为基础的,这种以彼此关系为基础的交易所获得的产品、资源、知识和信息具有其他方式所不可比拟的特质性,不容易被竞争对手所模仿和替代;五是,产业集聚区内企业合作创新以企业之间关系为纽带,以嵌入方式通过双向或多向交易提升关系质量与深度,主要通过"满意"、"信任"等社会资本对合作成员进行非正式的控制,这种合作能够促进企业间相互联结,扩大企业创新活动规模与空间,扩展企业的边界,进而整合多企业和其他组织的共同要素以进行更多更大的创新项目。

产业集聚区内企业和企业及其他组织的合作创新,使得一个企业的创新活动需要其他企业如销售商、供应商、科研院所及其他服务机构同时参与,专业化分工带来的企业创新资源的特殊性和稀缺性需要它们在创新问题上的彼此合作。企业间在技术创新过程中相互依赖,每一个企业的创新活动都无法与系统中其他企业的创新活动完全割裂开来。这种集群式的技术创新可能对整个产业集聚区而言是最佳的创新模式。但合作创新企业之间的利益分配机制要求利益分配均衡,这使很多合作创新成员的合作创新行为是短期的。但按照创新理论的观点,企业技术创新能力受企业原有知识存量的影响,当双方进行合作创新积累了共享的知识存量时,继续合作更容易实现效率和效益的提升。所以,对于单个企业来说,需要和其他合作伙伴建立长期合作关系并形成一种信任和互惠的利益分配机制来推动合作创新关系的良性发展。通过建立企业间的相互信任和互惠机制,合作双方更愿意投入专属资产和知识,更容易分享其核心专业技术,同时基于长期合作的预期,合作伙伴也会克服机会主义,提升自身对创新活动的投入。同时,产业集聚区企业间很多合作关系是竞合关系,而在关系成员进行合作创新时并非遵循独立公平竞争标准。在竞合关系和关系式交易范式决定的沟通、信任和合作等机制作用下,企业关系从公平交易关系转向合作与协调关系,从市场交换转向关系交换。在这种情况下,企业间创新合作更多是基于关系式交易,企业间建立信任和互惠机制更为必要。

三、提升企业学习能力

首先,要增强企业高层的学习意识。企业参与合作创新除了能够分享创新项目带来的收益,更多是能够在合作创新活动中获取更多的新知识。而新知识的获取来自于企业学习能力。学习能力提升在很大程度上取决于企业高层的学习意识。但在调研中发现,很多企业高层对学习不感兴趣，有44%的企业高层没有连续学习，提升企业高层的学习意识是提升学习能力的根本动力，同时，应将企业学习作为企业战略选择的重要组成部分，使员工明确学习对公司发展的重要作用。只有这样，企业才能够在合作创新中吸收新知识并整合、运用和创造新知识。其次，要建立有效的学习激励和约束机制。要实现学习的持续性和积极性，有效的激励和约束机制非常重要。对学习能力强的员工进行适当的奖励并对学习能力低的员工进行处罚会提升员工学习的积极性和效率。因此企业应制定各种制度规范和鼓励员工提升学习能力，将学习效果作为绩效考评的一部分并进行相应的激励约束。最后，要加强企业对学习能力提升的投入。企业应在学习方面加大投入，建立知识库和资料库，建立和其他企业或科研院所的联系，为员工学习提供便利。

第二节 从产业集聚区视角提升合作创新绩效的措施

根据本书研究以及相关研究的观点，推动产业集聚区企业合作创新的基础是形成一种动态的、灵活的和运作良好的合作创新网络，只有通过创新网络，加之良好的外部环境，才能有效激发企业间的合作创新。而产业集聚区在外部环境营造方面起着重要作用。

一、创新产业集聚区管理模式

随着集群理论影响的日益显著，OECD成员已经逐步开展集群管理模式的相关研究。我国各地区为了实现快速的经济增长和技术进步，也成立了不同产业特色的产业集聚区，尝试不同的管理模式，尤其是创新型产业集聚区。当地政府为推动产业集聚区创新能力，推出了各种创新政策。政府推出的创新政策的目的是弥补市场失灵和制度失效，加强企业之间的知识共享，提升企业创新能力。与传统的产业创新政策不同，产业集聚区的创新政策更注重推动区内企业之间和企业与外部环境的创新联系，引导企业更多地向其他组织学习和创新合作，以提升企业乃至整个产业集聚区的创新能力，在经济全球化的趋势下取得国际竞争优势。根据本书的理论和实证研究可以看出，对于不同的产业集聚区，嵌入性的特征存在差异性，因此在选择产业集聚区管理模式尤其是制定创新政策时，应坚持"从上到下"和"从下到上"相结合，综合考虑产业特征、区域文化特征、网络特征。通过理论或实证研究制定或者照搬其他产业集聚区的管理模式是很难取得良好效果的。由于产业集聚区设立导向、产业类别、区内组织等各种因素的不同，采用的管理模式和制定的创新政策也有着显著差别，不存在一种合适所有产业集聚区的管理模式，也不存在一种创新政策能够刺激所有企业参与合作创新的积极性。需要产业集聚区根据自身特征选择合适的管理模式，制定相应的创新政策体系。各种政策工具需要组合使用，以促进集群的健康发展。从现有的产业集聚区管理实践及本书理论和实证研究结论中可以看出，产业集聚区在创新管理模式时应坚持以下原则。

一是，产业集聚区管理的目标应该鼓励区内企业创新合作，推动企业进行开放性创新，构建和完善合作创新网络关系和结构，为企业合作创新提供更好的合作平台和合作创新环境。市场失灵和制度失效会导致公共创新资源供给不足，产业集聚区创新政策的重点应放在为需要和有潜在需要服务的合作企业提供尽可能完善的服务，尤其是在提供新技术信息，建立合作交流的渠道和平台方面发挥更大作用。同时，可以借鉴欧美国家支持技术创新联盟的做法，以集聚区核心企业为主体建立创新联盟，引导企业进行合作创新，提升企业的创新能力和集聚区整体竞争力。

二是，政府产业集聚区创新政策制定应该坚持"自下而上"和"自上而下"相结合思路。在制定创新政策时，一方面要考虑区域经济发展，同时更要考虑技术和企业发展。从国内外实践，特别是北京市对中关村产业集聚区的支持政策实践看，构建并鼓励具有产业特色和产业链的产业集聚区合作创新能够分散创新风险、实现知识共享和提升企业自身创新能力。希望照搬照抄一个成功的产业集聚区的创新政策往往不会成功。因为产业集聚区是一个复杂的有机系统，区内组织类型及相互联系具有多样性和复杂性，创新网络构建更多依赖于区内经济活动主体的战略、能力、资源和相互关系，通过政府的政策引导并不能建立起符合市场规律和要求的创新网络。

三是，产业集聚区创新政策要强调企业的主体地位。合作创新政策要突出企业是产业集聚区合作创新的主导作用，其他组织包括公共部门和政府是企业合作创新的催化剂、润滑剂或者桥梁，创新政策是要帮助产业集聚区企业创新网络和合作创新良好运行，提升创新绩效的。但创新政策不能超越市场规律和技术发展趋势。

四是，产业集聚区管理要坚持开放性。只有开放的合作创新网络才是最具竞争力的。产业集聚区管理者应该首先引导企业间构建学习途径，为集聚区提供必要的智力资源和学习平台，积极营造良好的学习环境，促进知识在区内组织间的扩散，同时要引导企业建立开放性的视野，知识来源渠道丰富，不能局限在企业或集聚区内部。只有紧跟先进技术和市场发展热点，才能使企业和集聚区的创新能力可持续发展。因此产业集聚区管理者必须帮助区域内组织克服创新网络可能带来的刚性，引导企业建立一套完善的动态性自调整机制，使得企业和产业集聚区创新体系具备不断自我更新的动态发展能力，只有这样产业集聚区才能持续健康发展。

二、创新产业集聚区管理政策

产业集聚区管理政策的目的是提高区内企业的竞争力。在一个技术进步不断加快，产品生命周期日益缩短、竞争日益加剧的市场中，提高企业竞争力获取竞争优势的唯一方式就是不断的创新。因此产业集聚区制定了各种创新政策，鼓励和促进区内企业的自主创新或合作创新。

目前的创新政策很多，笔者根据创新政策的侧重点不同，将现有产业集聚区政策分为两类。一类是着重提升区内创新能力政策。合作创新绩效的提升根本上取决于合作主体的创新能力。因此产业集聚区围绕企业创新能力制定了多种创新政策。常见的有鼓励企业创建研发中心，对企业培训技术人员进行奖励，为企业提供最新的技术和市场信息，为企业雇佣的高层次技术人员进行补贴，帮助争取创新资金，引导外部创新资源流入企业创新活动等等。一类是提升产业集聚区整体创新能力政策。为了提升产业集聚区整体创新能力，管理者从区域视角制定了一系列创新政策。实践中这类政策要远远多于第一类。常见的有颁布产业发展规划，制定企业合作创新规划，为合作创新活动提供资金支持，为合作创新活动提供平台，面向市场需求建立合作创新中心，创建技术研发中心，建设大学技术商业化机构，为技术人员提供额外津贴，对研发或重点创新合作项目进行资金补贴，引导投资机构对创新项目进行风险投资，对区内企业进行技术培训，对创新项目和创新团队进行扶持等等。

经过近年的学术研究与创新政策分析，OECD 国家逐步接受并开始积极应用合作创新政策提升产业集聚区创新能力。在如芬兰的信息与通信技术产业集聚区、爱尔兰的信息通信技术产业集聚区、丹麦信息通信产业集聚区、西班牙电信产业集聚区、荷兰多媒体产业集聚区等都在尝试制定符合该区特征的创新政策。而挪威农产品产业集聚区，丹麦、荷兰、瑞士的建筑产业集聚区在制定创新政策方面已经取得了良好的效果。从国内外产业集聚区的创新政策实践来看，所选择的创新政策及组合有明显差别。这一方面因为政策制定者的偏好，同时和各产业集聚区的发展水平、发展导向、产业及文化特征有关。但根据众多产业集聚区创新政策实践尤其是成功经验也可以发现，为了推动产业集聚区及区内企业合作创新，必须多种创新政策组合使用，构建一个完整的创新政策体系并保持一定的持续性，在为区域提供基础设施条件、为企业提供必要技术支持外，更要支持区企业间的知识转移和合作创新。

第三节　政府加强宏观管理营造产业集群组织合作创新氛围

政府在产业集群形成和发展的过程中发挥着重要的作用，尤其在产业集群形成初期。本书认为，政府不应该单纯地通过土地优惠、税收优惠等方式促进产业集群发展。而应当从法制法规建设，以及监督、技术转让等制度方面促进集群健康、快速发展。

一、加强制度法规建设

政府部门应当进一步完善相关法律、法规，优化相关程序提高法律诉讼效率，使得法律、法规能够真正保护合法企业权益、能够真正抑制机会主义行为的发生。漫长的诉讼过程会在很大程度上削弱法律的有效性，优化诉讼流程、缩短诉讼时间能够有效增加企业利用法律武器维护自身权益的有效性。这样的举措提高了机会主义行为的惩罚。

二、完善监督机制

政府部门应当加快完善归属清晰、权责明确、保护严格、流转顺畅的现代知识产权制度，建立完善的动态监督机制，加大知识产权保护力度，设立专利申请资助资金，激励集群成员积极创新。提高知识产权保护力度，保护企业的核心知识产权能够减少企业间技术创新合作中参与企业对自身知识产权泄露的顾虑。这样的举措有助于提高知识产权保护力度。

三、完善技术转让机制

技术创新能为企业带来的高额利润，这会阻碍技术创新的扩散。政府应当建立完善、科学的技术知识转让机制在保护技术创新所有者合法、合理利润的前提下鼓励技术创新扩散，促使技术创新的社会福利最大化。实现知识产权保护与产业集群内技术创新扩散的均衡。这样的举措有助于提高知识溢出效应。

创新型产业集群嵌入性
对组织间合作创新的
影响研究
Chapter 8

第八章 总结与展望

创新型产业集群嵌入性对组织间合作创新的影响研究

本书在对创新型产业集群、集群嵌入性、组织学习和组织合作创新等关键术语进行内涵界定的基础上,通过调研和走访全面分析了我国创新型产业集群的发展现状和组织合作创新现状,发现我国创新型产业集群内组织合作创新存在的问题。为了解决这些问题,本书首先从理论视角分析了产业集群环境、集群网络结构和组织关系对集群组织合作创新的影响,并从知识理论视角探索了组织学习的作用,构建了集群嵌入性、组织学习和合作创新绩效的理论模型;然后利用调研数据,采用结构方程模型和中介检验程序对嵌入性及组织学习能力对合作创新绩效的直接影响和组织学习的中介作用;接下来以美国硅谷和我国中关村为案例,详细分析了两个成功的创新型产业集群合作创新的现状及特征,并深入分析了它们成功的经验;最后从微观企业、中观产业集群和政府宏观管理方面提出建议和措施。本部分将对本书主要研究内容进行总结,指出本书的研究不足和未来的研究方向,供后续者参考。

第一节 研究结论

嵌入性理论创立以来受到了诸多研究者的关注,学者们已经将其运用到经济地理、管理学和经济学的研究当中。产业集群研究也广泛引入了嵌入性理论。本书在相关研究成果的基础上,通过笔者的理论推演、实证检验和案例研究,得出了以下主要研究结论。

一是,我国创新型产业集群及群内组织合作创新具有良好的发展态势,但存在着不可忽视的问题。我国已经有几十家国家级创新型产业集群,各地也推选出符合当地标准的区域性创新型产业集群,集群吸引了大批优质的高新技术企业和中小企业,对当地发展起到辐射作用和推动作用。合作创新是创新型产业集群普遍采用的一种创新模式，创造了很多先进成果。但不可回避的是，创新型产业集群及群内合作创新都存在着诸多问题。

二是，创新型产业集群嵌入性有多种分类，本书根据现有研究成果详细分析了对集群合作创新具有重要影响的集群环境嵌入性、集群网络结构嵌入性和集群内组织多边关系嵌入性的内涵和形成机理。嵌入性的主体是集群内的经济行为主体，客体是集群。集群嵌入性是指企业在战略选择、制定、执行和日常运营中其行为受集群社会文化、产业传统、输出交易关系及社会网络关系的影响程度。集群嵌入性具有区域、产业、结构和多边关系特征。集群嵌入性具有其独特的内在特征，它受集群产业环境、集群内企业间分工合作机制以及社会网络关系所影响。

三是，创新型产业集群的组织合作创新受集群嵌入和组织学习能力的影响。本书根据现有的研究成果，推演出产业集群的环境嵌入性、网络结构嵌入性和集群内组织关系嵌入性等产业集群因素影响集群内组织合作创新，同时组织自身的学习能力影响组织知识吸收和利用，从而也影响组织创新。实证研究发现，除了环境嵌入性对结构嵌入性和组织合作创新绩效影响不显著外，其他理论推演的假设都是成立的。案例研究也证明了集群关系、环境和结构的根植对集群内组织合作创新的重要影响，学习能力在创新型产业集群的成功发展中功不可没。

四是，既然创新型产业集群内组织合作创新受多种因素的影响，那么提升组织合作创新绩效的措施应该是全面的。因此产业集群内微观主体企业应该提升参与合作创新积极性、加强其他组织的关系，建立和维护并提升自身在产业集群网络的中心度和所拥有的结构洞；集群层面应该从营造合作创新环境、塑造合作创新文化、搭建合作创新平台方面着手提升组织合作创新绩效；作为创新型产业集群的管理方，政府应该制定或优化产业发展、知识产权、人才培养、创新激励等政策和制度体系。

第二节 研究不足

创新型产业集群是以创新为主要驱动力的产业集群，本身具有很大的风险，集群内组织合作创新是一项复杂的系统工程，多种因素交织在一起，加上笔者有限的研究水平，因此本书存在许多不足和有待完善之处。主要表现在以下几个方面。

一是，其他嵌入性和组织能力需要研究。产业嵌入性有很多类。本书只是根据现有研究成果推演环境嵌入、结构嵌入和多边关系嵌入对合作创新的影响，而组织嵌入性、地理嵌入性、认知嵌入性等对合作创新的影响并没有深入分析。再者，本书从知识视角研究了学习能力的作用，但影响合作创新的不仅仅是企业的学习能力。

二是，各变量的测度有待完善。本书是在现有研究成果的基础上设计变量的测量量表的。但现有研究是学者们从自身研究视角设计的，不一定非常适合本书。虽然笔者也根据我国创新型产业集群的特征和预调研结果进行了修正，但测度问项尚显简单，而且不同问项之间的相关性和层次还有待进一步考证。

三是，样本选取方法有待完善。本书在实证研究中样本选取我国五个地区的国家级创新型试点产业集群，没有做到随机抽样，同时考虑到细分行业的样本收集困难，无法满足结构方程检验所要求的样本量，所以没有区别行业差异，这种处理方法过于粗放。

第三节 研究展望

当今的研究动态表明，将嵌入性理论和合作创新理论与产业集群

第八章 总结与展望

理论进行整合性研究是崭新且具有广阔前景和研究价值的，本书在这个方面仅仅作一些探索，存在着上述不足。未来可以在以下几个方面进行深入研究。

一是，丰富研究变量。如上所述，本书仅仅研究了环境、结构和多边关系嵌入性，但影响合作创新的产业集群嵌入性还有其他种类，再者组织自身能力也不仅仅是学习能力，创新资源的整合能力、创新管理能力等合作创新的影响同样不可忽视。有兴趣的学者可以研究更多变量，更为全面地推动嵌入性理论、企业创新能力和合作创新的融合。

二是，不同类型的创新型产业集群的检验。现有研究人员从不同视角对创新型产业集群进行分类，如根据所在区域、产业、规模等，不同集群存在很大差异。本书并没有考虑不同创新型集群之间的差异。学者们可以在未来的研究中检验不同创新型产业集群的差异性。

三是，不同的组织合作方式下嵌入性的影响。现有很多研究成果和产业集群实践均表明，集群内组织合作创新的方式有很多，不同合作方式所受的影响因素不同。但本书没有考虑合作创新的方式问题。因此研究者可以研究不同合作方式之间的差异性。

四是，尝试进行嵌入性强度与企业合作创新绩效的非线性关系研究。曾有学者提出了"关系嵌入性悖论"，认为嵌入性关系与企业绩效呈现倒"U"型分布，关系嵌入性的理想强度是处于中间状态，嵌入性关系过强反而会影响企业绩效，但是嵌入性关系太弱则会导致无法形成关系。集群嵌入性与合作创新绩效是否也存在"嵌入性悖论"，尚需学者们进行深入研究。

参 考 文 献

[1] Alexander RD. The biology of moral systems [M]. New Jersey: Aldine Transaction, 1987.

[2] Andersson, Forsgren. The strategic impact of external networks: subsidiary Performance and competence development in the multinational corporation [J]. Strategic Management Journal, 2002, 23 (11): 979 – 996.

[3] Arthurs, Jonathan D. and Lowell W. Busenitz. Dynamic Capabilities and Venture Performance: the Effects of Venture Capitalists [J]. Journal of Business Venturing, 2006, 21: 195 – 215.

[4] Beguilers, R. Collaboration in R&D: An Assessment of Theoretical and Empirical Findings. Economist, 1998, 146 (3): 420 – 443.

[5] Badaracco, J. L. The knowledge link: how firms compete through strategic alliances [M]. BostonHarvard Business School press, 1991: 23 – 25.

[6] Chen T Y, Hung K P, Tseng C M. The effects of learning capacity, transparency and relationship quality on inter-organizational learning [J]. International Journal of Management, 2010, 27 (3): 405 – 420.

[7] Case of Bangalore [J]. Thunderbird International Business Re-

view, 49 (5): 591 – 618.

[8] Cohen W M, Leviathan D A. Innovation and Learning: The Two Faces of R&D [J]. The Economic Journal, 1989, 99 (397): 569 – 596.

[9] Dussauge, p. Garette, B. Learning from Competing Partners: Outcomes and Durations of Scale and Link Alliances in Europe, North America and Asia [J]. Strategic Management Journal, 2010, 21 (2): 99 – 126.

[10] Dyer, J. H. The relational view: cooperative strategy and sources of inter-organizational competitive advantage [J]. Academy of Management Review, 1998, 23 (4): 660 – 679.

[11] Fusfeld & Haklisch. Cooperative R&D for competitors [J]. Harvard Business Review, 1985, (November/December): 60 – 76.

[12] Gilsing, Nooteboom, B Density and strength of ties in innovation networks: an analysis of multimedia and bioteclmology [J]. EuroPean Management ReView 2005, 2 (3): 179 – 197.

[13] Gilsing, Duysters. Understanding novelty creation in exploration networks-Structural and relational embeddedness jointly considered [J]. Technovation, 2008, 28 (10): 693 – 708.

[14] Grannovetter. M The strength or weak ties: a network theory [J]. Sociological Theory, 1973, 1.

[15] Grossman G M, Hellmann E. Trade, knowledge spillovers [J]. European Economic Review, 1991. 35 (2): 517 – 526.

[16] Gulati. R. , Sytch. M. Dependence asymetry and joint dependence in inter-organizational relationships: Effeets of embeddedness on a manufaeturer's performance in procurement relationships [J]. Administrative Science Quarterly, 2007, 52 (1): 32 – 69.

[17] Freeman C. Networks of innovators: a synthesis of research is-

sues. Research Policy, 1991 20 (1): 499 – 514.

[18] Hansen, M. T. The search transfer problem: the role of weak Ties in sharing knowledge across organization subunits [J]. Administrative Science Quarterly, 1999, 44 (1): 82 – 84.

[19] Hartley. J, Allison M. Good, better, best? Inter-organizational learning in a network of local authorities [J] Public Management Review, 2002, 4 (1): 101 – 118.

[20] HugginsR, Johnston A, Thompson P. Network capital, social capital and knowledge flow: How the nature of inter-organizational networks impacts on innovation [J]. Industry and Innovation, 2012, 19 (3): 203 – 232.

[21] Mac. Douglas, GDA. The Benefits and Costs of private Investment from Aboard: A Theory Approach [J], Economic Record, 1960.

[22] Markusen. A. R. Sticky Places. in Slippery Space: A Typology of Industrial Districts [J]. Economic Geography, 1996, Vol. 72: 293 – 313.

[23] McEvily, B. Marcus.. Embedded ties and the acquisition of competitive capabilities [J]. Strategic Management Journal, 2005, 26 (11): 1033 – 1057.

[24] Mar R. Tinkenaite. IAntecedents and consequences of inter-organizational knowledge transfer: emerging themes and openings for further research [J] Baltic Journal of Management, 2011, 6 (1): 53 – 70.

[25] Milinski M. Tit for tat in sticklebacks and the evolution of cooperation [J]. Nature, 1987, 3: 325 – 410.

[26] Quintana, C, Benavides, Velaseo, C. A. Innovativecompetence, exploration and exploitation: The influence of technological diversification. Research Policy. 2008, 37 (3): 492 – 507.

[27] Portes, A. & Sensenbernner, J. Embeddedness and immigration: Notes on the social determinants of economic action [J]. American Journal of Sociology, 1993, 98: 1320 – 1324.

[28] Pouder, R. & Johnson C. H. Hot spot and blind spots: geographical clusters of firms and innovation [J]. Academy of Management Review, 1996, 21 (4): 1192 – 1225.

[29] Porter. Clusters and New Economics Competition [J]. Harvard Business Review, 1991, 76 (6).

[30] Reagans, R. &McEvily, B. Network structure and knowledge transfer: the effects of cohesion and range [J]. Administrative Science Quarterly, 2003, 48 (2): 240 – 26.

[31] Rueda, Zanares. A, Correa, J. A. The Influence of Stakeholders on the environmental strategy of service firms: the moderating effeets of Complexity Uncertainty and Munificenee [J]. British Journal of Management, 2008, 19 (2): 185 – 203.

[32] Rutten, R. Inter-firm knowledge creation: a re-appreciation of embeddedness From a relational perspective [J]. EuropeanPlaning Studies. 2004, 12 (5): 659 – 673.

[33] Samantha, R. M. &Joseph, P. Knowledge Type and Communication Media Choice in the knowledge Transfer Process [J]. Journal of Managerial Issues, 2007, 19 (1): 111 – 126.

[34] Smilor, Raymond w and Gibson Technology transfer in muti-organizational environments: the case of R&D consortia. IEEE Transavtions on Engineering Management, 1991, 38 (1): 102 – 106.

[35] Schulz K P, Geithner S. Between exchange and development: Organizational learning in schools through inter-organizational networks [J] Learning Organization, 2010, 17 (1) : 69 – 85.

[36] Samuelson. The Transfer Problem and Transport Costs: The Terms of Trade When Impediment Are Absent [J]. Economic Journal, 1952, 62: 278 – 304.

[37] Trivers R. The evolution of reciprocal altruism [J]. Quarterly Review of Biology, 1971, 46: 35 – 57.

[38] Westerlund M, Rajala. R. Learning and innovation in inter-organizational network collaboration [J]. Journal of Business & Industrial Marketing, 2010, 25 (6): 435 – 442.

[39] Willianmson O. E. The economies institutions of capitalisms [M]. New York: Free Press, 1985, 68.

[40] Wu, X. & Liu, X: Absorptivecapacity network embeddedness and local firm's knowledge acquisition in the Global Manufacturing Network [J]. International Journal of Technology Management, 2009, 46 (3): 326 – 343.

[41] 范群林, 邵云飞, 唐小娥, 王剑峰. 结构嵌入性对集群企业创新绩效影响的实证研究 [J]. 科学学研究, 2010 (12): 1891 – 1900.

[42] 王缉慈等. 创新的空间: 企业集群与区域发展 [M]. 北京: 北京大学出版社, 2001.

[43] 王志敏. 从集聚到集群: 产业集群形成机制分析 [J]. 企业经济, 2007 (2).

[44] 曹宝明, 王晓清. 区位选择视角下产业集群形成的微观机制分析 [J]. 江苏社会科学, 2008 (6).

[45] 叶华光. 横向产业集群形成的动力机制研究 [J]. 科技和产业, 2009 (8).

[46] 魏守华, 赵雅沁. 企业群的概念、意义与理论解释 [J]. 中央财经大学学报, 2002 (3): 58 – 62.

[47] 胡宇辰, 罗贤栋. 企业集群的竞争力分析 [J]. 管理科学

文摘,2003(6):20-23.

[48] 李君华,彭玉兰. 基于全球供应链的产业集群的竞争优势分析 [J]. 经济理论与经济管理,2002(7):38-43.

[49] 吴晓波,耿帅. 区域集群自稔性风险成因分析 [J]. 经济地理,2003(6).

[50] 汪晓萍. 建立在产业集群基础上的区域品牌研究 [J]. 商场现代化,2008(10).

[51] 朱小斌,林庆. 中小企业集群竞争优势来源的演化差异 [J]. 管理世界,2008(10).

[52] 郭晓川. 企业网络合作化技术创新及其模式比较 [J]. 科学管理研究,1998(5):13-17.

[53] 苏敬勤,王延章. 合作技术创新理论及机制研究 [M]. 大连:大连理工大学出版社,2002.

[54] 罗炜. 企业合作创新理论研究 [M]. 上海:复旦大学出版社,2002.

[55] 刘荣,汪克夷. 企业合作创新风险的多层次模糊综合评价模型及应用 [J]. 科技与管理,2009(4).

[56] 冯长利,王勇,张界. 基于博弈论的知识联盟合作创新研究 [J]. 情报杂志,2009(7).

[57] 雷静,潘杰义. 企业合作创新战略模式选择的博弈分析 [J]. 情报杂志,2009(7).

[58] 张奇,张志刚,王晓蓬. 基于技术许可的校企合作创新博弈模型构建研究 [J]. 科学学研究,2009(6).

[59] 周荣辅,单莹洁,吴玉文. 合作创新中的"囚徒困境"及其防范机制 [J]. 科技管理研究,2009(5).

[60] 李京文,任伶. 通过合作创新提升企业核心能力的模式研究 [J]. 经济纵横,2009(4).

[61] 沈静,蔡建峰,曾令炜.企业合作创新过程中知识转移影响因素及机制研究 [J].科技进步与对策,2009 (6).

[62] 费钟琳.基于国家创新体系的产学研合作创新内涵剖析 [J].科协论坛,2009 (1).